怎样在书画作品上盖印

王本兴 著

北京出版集团
北京工艺美术出版社

图书在版编目（CIP）数据

怎样在书画作品上盖印 / 王本兴著 . -- 北京：北京工艺美术出版社，2020.1（2025.3 重印）
ISBN 978-7-5140-1805-9

Ⅰ. ①怎… Ⅱ. ①王… Ⅲ. ①印章－介绍－中国 Ⅳ. ① G262.1

中国版本图书馆 CIP 数据核字（2019）第 280675 号

出 版 人：夏中南
责任编辑：刘艳霞
装帧设计：印　华
责任印制：王雨萱

怎样在书画作品上盖印

ZENYANG ZAI SHUHUA ZUOPIN SHANG GAIYIN

王本兴　著

出　版　北京出版集团
　　　　北京工艺美术出版社
发　行　北京美联京工图书有限公司
地　址　北京市西城区北三环中路6号
　　　　京版大厦B座702室
邮　编　100120
电　话　（010）58572470（总编室）
　　　　（010）58572878（编辑室）
　　　　（010）58572637（发　行）
经　销　全国新华书店
印　刷　炫彩（天津）印刷有限责任公司
开　本　787 毫米 × 1092 毫米　1/16
印　张　6
字　数　62 千字
版　次　2020年1月第1版
印　次　2025年3月第10次印刷
定　价　39.80元

前言

书画家或爱好书法与绘画的人们，创作的书画作品，应是自己艺术技巧、艺术手法的结晶，是自己对客观和主观审美意识的综合反映。在书画作品上盖印，则是创作书画作品必不可少的一环。而关于盖印，每个书画家则各有各的习惯，各有各的方式。至于为什么要盖印，盖什么样的印，怎样盖印，这样的专题研究实属罕见。予撰写的《怎样在书画作品上盖印》一书，从实践出发，站在传统的审美理念与角度上，从盖印的种类、盖印的艺术价值、印章的内容、印章的选择、印章的大小规格，以及书画作品盖印的忌讳等方面，做了较为详细的介绍与阐述。

予从小喜爱书画，早在小学时期，就临摹连环画上的人物与场景。中学时期就初涉篆刻印苑，一有时间就学篆刻、练书法。在南京大学虽然学的是理科，但这些爱好始终没有放弃。20 世纪 90 年代初，予被调到江苏省文联，后又到书法家协会工作，唯一想到的是如何利用这个平台，扩展视野，积聚书画艺术资料，建立历代书画家艺术档案，为日后创作更多、更好的艺术作品奠定扎实的基础。时至今日已五十多个年头，予篆刻印章一万三千多方，创作书法作品两千多件，油画、国画作品二十多件，正式出版并在全国发行的个人著作五十余部。2016 年，南京“六朝春书画院”院长朱德琪邀我去讲“怎样在书画作品上盖印”。我拟了一个演讲提纲，讲了两个半小时，听众反响十分热烈。之后有人建议我把此课题撰写成书，于是，就有了今天这本专著。所以，《怎样在书画作品上盖印》可谓是予以传统为基调，对中国传统书画印艺术创作的一次小结。

上文已说及，人们在书画作品上盖印各有各的习惯与模式，但万变不离其宗。中国传统的书画艺术，经过千百年的提炼与发展，形成了东方民族独特的审美观。中国书画艺术是美的创造，也应是美的创新与结晶，需要按美的规律进行。但我们所见到的有些作品不是这样，显得低俗平庸，没有按照民族传统审美理念创作，浅陋平庸之作比比皆是，艺术垃圾也日益增多。当今中国书画艺术正处于日益走向商品化的时代，交换价值规律的作用和范围日显广泛，中国书画艺术就更不应迷失自己的创造本性，更不能违背美的规律。在作品的每一个部位、每一个环节，按美的规律去创作，才会出现更优秀的艺术精品。予以资料为依据，以传统为前提，做初步探索，抛砖引玉，为我国艺术的繁荣与发展，略尽薄力，若能有所惠及当下，裨益艺林，足慰平生。谨望方家指正。

泥人　王本兴

写于戊戌年仲春南京凤凰西街59号四喜堂

目录

第一章　印章的种类

第一节　印章分类方法

传世印章数以万计，浩如烟海。总体有两大类，即朱文印与白文印。按不同的标准，有不同的分类方法。

按印章的形状分，有正方形印、长方形印、圆形印、椭圆形印、三角形印、梯形印、不规则印等。按印章的制式分，有单面印、子母套印、两面印、多面印、连珠印、花押印、线板印、半通印等。

按印文内容及字义分，有官印、姓名印、别号印、地名印、斋馆印、书简印、鉴藏印、闲文印、肖形印、吉语印、宗教印、祈福印、籍贯印、年号印、四灵印、诗文印、图文印等。

按制印工艺分，有铸印、凿印、琢印、烙印、刻印等。

按印章材料分，有金印、银印、铜印、铁印、铅印、锡印、玉印、象牙印、牛角印、砖印、石印、泥印、陶印、瓦印、木印、竹印、瓷印、琥珀印、兽骨印、水晶印等。

按印章用途分，有凭信印、检封印、佩带印、封泥印、殉葬印、烙马印、烙竹印、烙木印、烙漆印、仓廪印等。

第二节　常见印章的种类

1. 姓名印

姓有单独成印的，如“赵”“钱”“孙”“李”“周”“吴”“郑”“王”等类，可称为姓氏印。名亦有单独成印的，名可以一字，也可以双字、多字，一般是两个字。名印通常情况下与姓氏印配套组合使用。

姓名印章，兼有姓与名者，即称姓名章。姓名印主要用于信函或作为信誉之凭证，在书画作品中常作落款用。这类印章的风格丰富多彩，有朱文印、白文印、图案图纹印、饰灵印，也有鸟虫篆形式的。姓名印既实用又有一定的艺术价值，一般为“X X X印”“X X X之印”“X X X私印”“X X X之玺”“X X X印信”“X X X章”等。也有将姓和名分割为二印，或者只刻名不刻姓等形式。参看图 1。

图 1　姓名印

2. 字号印

字号印印文为人的字或号，亦可是别号或道号。秦汉时期大多用姓名印，唐以后开始用字号印。字号印的印文一般有“印”字，但可在字号中加“姓”字或在姓后加“氏”字，写作“姓ＸＸ”或“Ｘ氏ＸＸ”“ＸＸ氏”等。书画作品的收藏鉴定、补白常钤字号印，或用于书画作品姓名印之后。别号印属字号印的另类，始于宋代，在书画作品上亦常见，如“ＸＸ山人”“ＸＸ居士”“ＸＸ道人”等。古代男用印称“臣”，女用印称“妾”，以表自谦。

“河间武趄刘芝字伯行”印把地名、姓名、字号结合在一起了。“赵多”印则在印文四周饰以四灵，以表示吉祥之意。明清时期还出现了字号印中加“父”或“甫”字的，古时此二字相通，皆为男子之美称。此外，有的在字号后还加“老人”“主人”“楼主”“居士”“道人”“山人”等。参看图 2。

松圆道人（汪关印）　臣禹（汉印）　字公子（汉印）　赵氏子昂（赵孟𫖯印）　妾因诸（汉印）

河间武趄刘芝字伯行（汉印）　赵多（汉印）　散木居士（奚冈印）　声仲父（陈洪寿印）　王长公（汉印）

白云峰主（丁敬印）　但弘之印（汉印）　灌园叟（何震印）　东鲁布衣（巴慰祖印）

图 2　字号印

3. 斋馆印

古人常为自己的居室、书房、斋馆命名，并将其刻成印章。一些无斋馆者也刻治了自己喜爱的斋馆印，并钤在书画作品上，以表现风雅和文人气息。最早的斋馆印相传为唐代李泌的“端居室”玉印。宋以后斋馆印盛行，印文一般含“斋、馆、轩、舍、堂、室、屋、房、楼、院、庐、亭、巢、庵、园、榭、阁、台”等字。参看图 3-1、3-2。

端居室
（李泌印）

花雨读书楼
（吴昌硕印）

种桃山馆
（陈鸿寿印）

闲云来竹房
（林皋印）

桃花书屋
（徐三庚印）

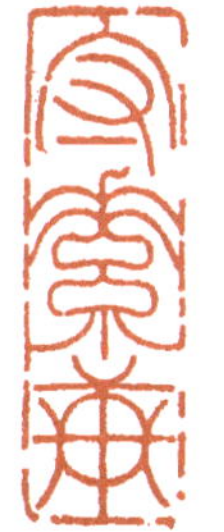
守素轩
（邓石如印）

遁庵
（吴让之印）

鹤壶精舍
（赵叔孺印）

半千阁
（邓石如印）

九鼎十爵之榭
（胡钁印）

香南雪北之庐
（董洵印）

兰雪堂
（何震印）

图 3-1　斋馆印

养素园
（丁敬印）

绾秋亭
（韩登安印）

松圆阁
（苏宣印）

三自斋
（王本兴刻）

图 3-2　斋馆印

4. 书简印

古时书信简白往来，常在姓名之后加上“白事”“白笺”“白疏”“启事”“信印”“诗”“言疏”“封完”等字。书简印盛于汉魏时期，至明清时期，一直承袭沿用并有所发展。今人有“谨封”“顿首”“笔”等印，专用于书简往来及书画作品上。参看图 4-1、4-2。

山曾言事
（晋印）

女言疏
（晋印）

印完
（晋印）

熙载白笺
（吴让之印）

珊若书画
（赵古泥印）

刘昌白事
（晋印）

延寿言事
（晋印）

奚冈言事
（奚冈印）

图 4-1　书简印

开卷一乐
（赵石印）

星吾审定书画印
（杨守敬印）

文翰私记宜身至前
迫事无间唯君自发
印信封完（胡唐印）

国祥私记宜身至前
迫事毋问愿君自发
封完印信（林皋印）

泥人信笔
（王本兴刻）

抱石亲手
（傅抱石印）

聊以自娱
（王本兴刻）

图 4-2　书简印

5. 鉴藏印

鉴藏印系鉴赏、审定、收藏书画作品及欣赏、阅读典籍时钤印之用，它兴于唐而盛于宋。鉴藏印一般有“赏、珍赏、心赏、清赏、真赏、清玩、珍藏、所藏、赏玩、玩赏、赏阅、过目、眼福、曾阅、秘、图书、藏书、收藏、宝藏、校订、考订、审定、证定”等字。鉴藏印的使用，给我们提供了收藏书画作品的丰富知识和识别作品真伪的重要依据，是印章领域里很重要的一个门类。参看图 5-1、5-2。

吴县潘伯寅平生
真赏（赵之谦印）

姚江邵氏珍藏
（吴昌硕印）

䌹孙收藏
（赵叔孺印）

钱塘王祖梅月钮甫醉华氏
鉴赏图书印（赵之琛印）

图 5-1　鉴藏印

浙江博物馆藏
（陈巨来印）

梁伯清玩
（徐三庚印）

焯辰鉴定
（黄士陵印）

古微堂秘笈印
（吴让之印）

大风堂印
（方介堪印）

钱塘汪启淑字慎仪号秀峰鉴藏图书印（丁敬印）

松崖所藏
（陈豫钟印）

陈氏晤言室珍藏书画
（黄易印）

臣鄰尚聚莱石兄弟图书
（邓石如印）

紫馨藏书
（王本兴刻）

本兴审定
（王本兴刻）

图 5-2　鉴藏印

6. 吉语印

吉语印印文为吉祥如意的语言，以寄托美好的愿望，表明心志与意向。吉语印始于战国，后历代盛行，至今不衰。秦汉印中常见的吉语有“大利”“日利”“大幸”“长乐”“长富”“宜子孙”“宜千金”“长寿康”“永安宁”“日利千万”“千秋万岁”等。现代印文除沿用以上吉语，还用“无恙”“康乐”“国泰民安”“安居乐业”“万事如意”“大吉祥”“大寿”等。正方形吉语印可用于书画作品的落款；长方形吉语印可用于书画作品的起首。参看图 6。

思言敬事
（汉印）

大富
（汉印）

长幸
（古玺）

宜子孙
（汉印）

常利
（汉印）

延寿
（汉印）

无恙
（汉印）

益利
（汉印）

长宜子孙
（汉印）

美意延年
（方介堪印）

万岁
（汉印）

宜子孙
（汉印）

行吉
（战国吉玺）

宜官秋长乐吉贵
有日（汉印）

大富贵昌宜为侯王
千秋万岁常乐未央
（汉印）

大吉昌内
（古玺）

富贵
（古玺）

日利
（古玺）

年年有余
（王本兴刻）

万事如意
（王本兴刻）

图 6　吉语印

7. 闲文印

闲文印亦称闲章，就是用诗词、成语、格言、书画言论、时序纪年、座右铭、警句或牢骚、佛道禅语等内容治刻的印章，常钤在书画作品、图书之上，也可当作雅玩。闲文印从古玺、秦汉印章中的吉语印演变发展而来。明清以来，文人墨客对其尤为青睐，于今更加丰富多彩，是篆刻艺术中主要的印章内容之一。方形闲文印可用于书画作品的落款；长形闲文印可用于书画作品的起首。参看图 7-1、7-2。

事业毋信
（古玺）

一心慎事
（秦印）

诸缘忘尽未忘诗
（林皋印）

天下大阴
（汉印）

诗题窗外竹茶煮石根泉
（黄易印）

物常聚于所好
（吴让之印）

几生修得到梅花
（陈豫钟印）

十分红处便成灰
（邓石如印）

儿女心肠英雄肝胆
（黄士陵印）

一笑百虑忘
（王本兴印）

五湖烟水
（文彭印）

虎帐红灯鸳帐酒
（钱松印）

图 7-1　闲文印

痛饮读离骚
（苏宣印）

人因见懒误称高
（吴让之印）

人生如白驹过隙
（王本兴刻）

图 7-2 闲文印

8. 肖形印

肖形印是根据印章的形制分类而得，它是印章领域里的一个重要门类。因为特殊的形式与面貌，肖形印受到历代文人的喜爱，它不仅具备篆刻艺术之美，还具备绘画、雕刻艺术之美；它的内容十分丰富，题材非常广泛，有人物、动物、房舍、植物等。肖形印的风格也很别致，构图生动简洁且古拙、质朴、洗练、明快，具有强烈的艺术美与生命力。肖形印亦称象形印、图案印或画印，包括各种图形、图案。肖形印朱文、白文皆可，大多以白文为主。有的肖形印纯是图案，有的图文并茂，具有极高的艺术品位与艺术价值。正方形肖形印可用于书画作品的落款。长方形肖形印可用于书画作品的起首。参看图 8-1、8-2。

双犀
（汉印）

狗
（古玺）

蛙黾
（古玺）

兔
（古玺）

二人背坐
（古玺）

龙虎凤
（古玺）

凤
（古玺）

乐舞
（古玺）

乐舞
（古玺）

牛耕田
（古玺）

图 8-1 肖形印

图 8-2　肖形印

9. 署押印

署押印又称押字印、花押印、押花、押记、戳记、押等，系古时用来画押签字的印章。其主要作用是“杜奸防伪”，使人不易模仿。它采用一种兼书体文字，兼绘画图案，变幻莫测，只有使用者方知其意，也可作为取信的凭记。署押印的具体起源年代尚不清，有人认为秦汉时期就有，也有人说其起源于五代十国或宋代，盛行于元代，故又称“元押”。署押印有的没有边栏，大多取方形形式，一般上方刻姓氏，下方刻八思巴文或作花押。花押亦称花书、凤尾书，至清代花押印逐渐衰落，但当今仍有不少文人墨客除将其用于书画作品的起首或落款，还有将其当作雅玩的。参看图 9-1、9-2。

金（元壶形印）　嘉官　汤花押　花押　花押

清河郡　明・崇祯花押　马花押　王花押　大吉花押

孟押　杭押　葫芦形花押　商七花押　韩贵花押

异形花押　花押　花押　花押　兔花押

图 9-1　署押印

花押

方形花押

鹿花押

花押

安记

图 9-2　署押印

10. 鸟虫篆印

古代兵器上的殳篆被引入印章，它的主要特点是文字结体盘曲重叠，别具一格，如“长生不老”印。鸟虫篆印最大的特点是印文文字除了具有殳篆的盘曲折叠特点外，常常还把字之末端或短笔画刻成鸟、虫、鱼等动物形象，对篆书进行艺术、装饰处理，使印章更有意趣，更丰富多彩。在春秋战国时期，鸟虫篆书就大量用在青铜器上，后被引入玺印，但这一时期还不够成熟。至西汉初叶，这种文字才臻完美。例如在湖南出土的西汉印“曹嫘”，自然流畅，左右呼应，方圆兼备，分外优美亮丽。鸟虫篆印特殊的风格，特殊的文字，一直持续不断地发展，当今还有不少印人沉浸在这块艺术领域里。鸟虫篆印可用于书画作品的起首或落款。参看图 10-1、10-2。

长生不老
（汉印）

曹嫘
（汉印）

武意
（汉印）

椄治
（汉印）

程竈
（汉印）

图 10-1　鸟虫篆印

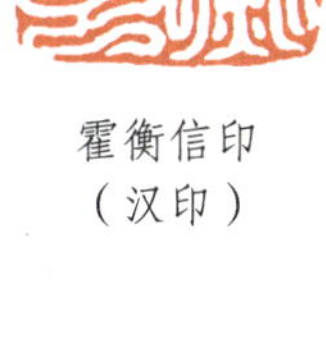

霍衡信印
（汉印）

薄戎奴
（汉印）

侯志
（汉印）

张猛
（汉印）

杨玉
（汉印）

婕仔妾娋
（汉印）

刘说
（汉印）

吾延
（汉印）

新成甲
（汉印）

潘刚私印
（汉印）

王武
（汉印）

张应
（汉印）

夷吾
（汉印）

董猛
（汉印）

王莫书
（汉印）

秋兰
（方介堪印）

高歌不畏金尊空
（钱桢印）

安特
（陈巨来印）

永恭
（方去疾印）

汪关私印
（汪关印）

图 10-2　鸟虫篆印

11. 封泥印

“封泥”亦称“泥封”，战国时就有之，秦至西汉时盛行，魏晋时逐渐减少。在纸发明之前，古人将书信写在竹简木牍上，在封时，用特殊的黏土做团，封住竹简木牍绳缚处，并在泥土上加盖印记，“以检奸萌”及防止私拆。从古墓中出土的泥封是十分珍贵的文化遗产。它不仅反映了古人用印之法，而且体现了当时印章的艺术水平。封泥印的文字结体严整老辣，古拙朴实，章法布局十分停匀精到。特殊的材质造成了泥封的形式美。封泥印在印章领域里始终占有一席之地，受到历代印人的关注和重视，也与历代印人常采用封泥的边、文、线条的质朴精神刻治印章有关。正方形封泥印可用于书画作品的落款；长方形封泥印可用于书画作品的起首。参看图 11-1、11-2。

代相之印
（汉封泥）

平侯相印
（汉封泥）

傅阳守印
（汉封泥）

广汉左尉
（汉封泥）

东乡家丞
（汉印泥）

过仁之印
（汉封泥）

掌货中元士
（汉封泥）

白水右尉
（汉封泥）

阜乡
（汉封泥）

图 11-1 封泥印

博昌
（汉封泥）

常安东市令
（汉封泥）

臣普
（汉封泥）

刚瓶右尉
（汉封泥）

晥长之印
（汉封泥）

新都令印
（汉封泥）

楗为太守章
（汉封泥）

河内守印
（汉封泥）

王昌私印
（汉封泥）

国师之印章
（汉封泥）

鲁相之印章
（汉封泥）

武都太守章
（汉封泥）

女阴侯相
（汉封泥）

九江守印
（汉封泥）

山桑侯相
（汉封泥）

泗水相印章
（汉封泥）

图 11-2　封泥印

12. 瓦当印

瓦当是中国古代建筑物上的一种附着物，系筒瓦前端的遮挡部分，起着保护檐头的作用，俗称“瓦头”。瓦当有圆形与半圆形两种。在瓦当上有文字、图案，如“四灵”等吉祥物图案，种类繁多。其图文构思新颖、古朴优美，文字大多为吉语。它和商周时期的青铜器一样，是历史的特殊产物。秦汉时期是使用瓦当的鼎盛时期，自此“秦汉瓦当”便成了专用词。瓦当既不晶莹又不华丽，也不是印章，但它的朴素拙厚、自然天趣却令人赏心悦目，可与优秀的印章相媲美。历代篆刻家皆从中汲取养分，将其引入方寸之中，创作出无数仿瓦当式印章。这类瓦当印独树一帜，颇具匠心，如黄士陵的“延年益寿”、杨仲子的“长相毋忘”等。瓦当印可用于书画作品的落款或起首。参看图 12-1、12-2。

无
（汉一字瓦）

建章
（汉二字瓦）

乐未央
（汉三字瓦）

右空
（汉代）

万岁
（汉代）

宗正官当
（汉四字瓦）

万岁富贵
（北魏四字瓦）

长久乐哉家
（汉五字瓦）

千秋万岁
（汉代）

图 12-1　瓦当印

马氏殿当
（汉代）

长乐毋极常安居
（汉代）

维天降灵延元万年天下康宁
（东汉）

延寿万岁常与天久长
（汉代）

千秋万年
（汉代）

单于天降
（汉代）

永奉无疆
（汉代）

千秋万岁富贵
（汉代）

延年
（汉代）

青龙
（汉代）

朱雀
（汉代）

志在千里
（王本兴刻）

相思又一年
（王本兴刻）

肖形
（王本兴刻）

长相毋忘
（杨仲子印）

延年益寿
（黄士陵印）

图 12-2　瓦当印

13. 杂形印

杂形印是秦汉印中一种特殊形状的印章。一般印章呈正方形、长方形、圆形、椭圆形，而杂形印的形状变化多端，没有固定的模式，如菱形、三角形、钱币形、编钟形、葫芦形、尖圆形、扇形、半圆形、曲尺形、心形、水滴形、多角形、月形、腰形、人形、动物形、云形、叶形、琵琶形、花形、　拼合形、盾形、联珠形等，诸多不规则形的印章，皆包括在杂形印内。这些形形色色的特殊形状的印章，给篆刻者及欣赏者带来了多元、多角度的艺术视野和艺术享受，体现了篆刻艺术的广度与深度，体现了篆刻艺苑百花齐放的无限风光。参看图 13-1、13-2、13-3。

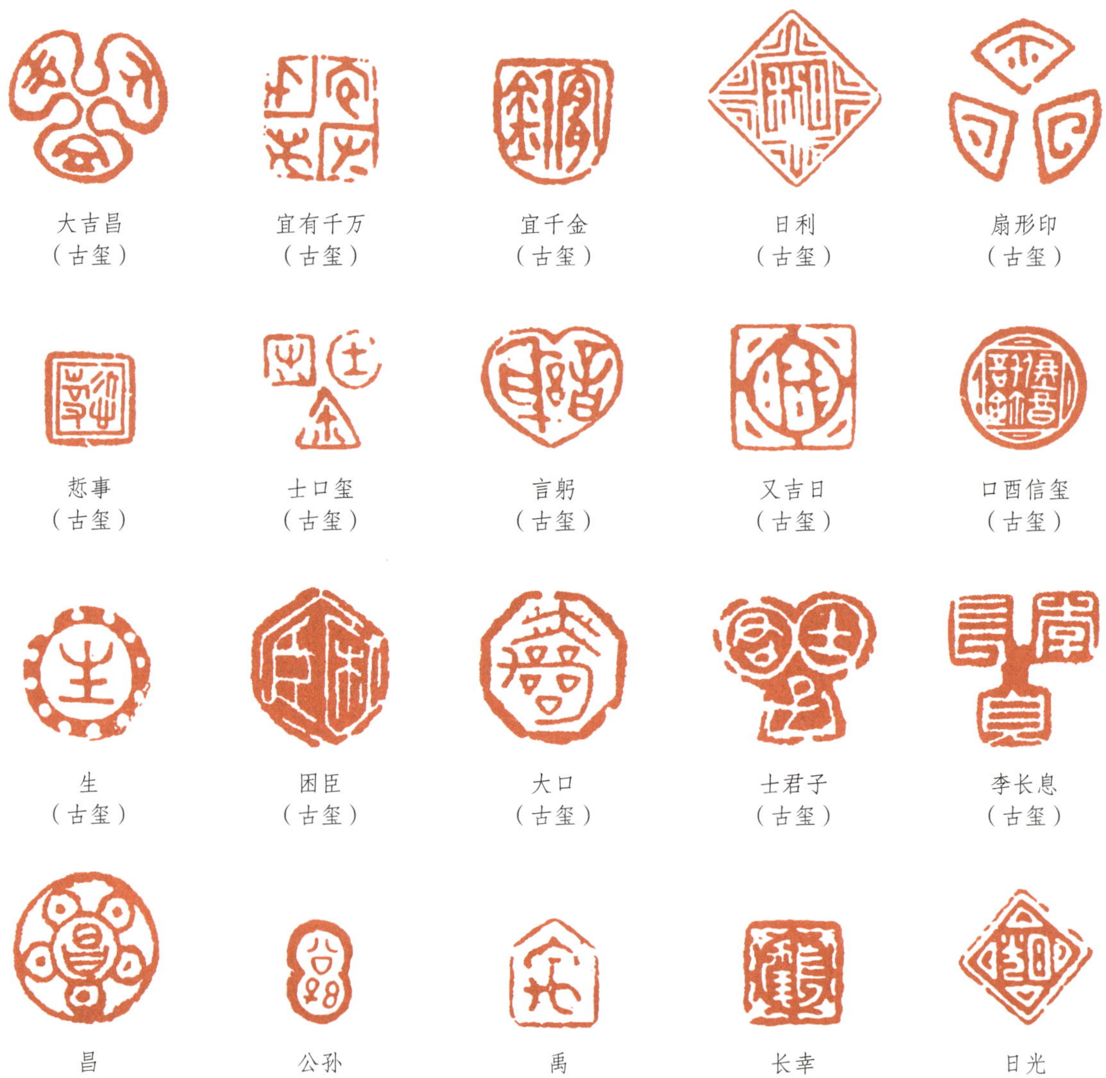

图 13-1　杂形印

千秋万事昌
（古玺）

行吉
（古玺）

次并之印
（古玺）

吉内昌
（古玺）

洹华记印
（古玺）

宜千万
（古玺）

黎简
（清黎简印）

诗情语与谁
（朱宏晋形印）

巴氏
（巴慰祖印）

天下知秋
（刘维坊印）

韩迎
（古玺）

志从
（古玺）

官礼□印
（古玺）

敬
（古玺）

刘次卿印完
（古玺）

大吉
（古玺）

富贵
（古玺）

杜卿印日内千金
（古玺）

正行亡私
（古玺）

大吉昌内
（古玺）

□□
（古玺）

玺
（古玺）

公孙午
（古玺）

悊
（古玺）

王士
（古玺）

图 13–2　杂形印

悲
（古玺）

怀佳人兮不能忘
（王本兴印）

骀
（古玺）

酒泉太守之章
（朱宏晋印）

王戎兵器
（古玺）

浪高自有弄潮儿
（王本兴刻）

白文
（王本兴印）

布衣
（王本兴印）

生花
（王本兴印）

收藏
（王本兴印）

饮清露

许政华印
（王本兴印）

五谷丰登
（王本兴印）

学富五车
（王本兴印）

待到雪化时
（王本兴印）

图 13-3　杂形印

14. 印陶和印瓦

印陶和印瓦作为文字，它是独特的；作为印式，它也是独特的。实际上，古代陶工在把陶器送入火窑烧制前，已用印钤在陶器上，然后烧制出印陶。印文内容大多为陶工或陶工主人的姓名、住址名，以及吉语、祷词等。这在当时或许根本没被当作一回事，只是随意而书。商周时期就出现了印陶，春秋战国时期已蔚然成风，发展到秦代、汉代即臻成熟。印瓦相似于印陶，瓦坯在入窑前就先钤上印文，然后烧制成印瓦。秦汉时期亦是印瓦的鼎盛期。从总体上看，其文字结体以方正拙朴为主，由于不是刻意而为，故而稚趣动人，笔致既率真又活泼，基本上是小篆，近缪篆书体。明清及近代印人纷纷将其引入印章艺术中。参看图 14-1、14-2。

咸亭郿里綦器
（印陶）

柜豆
（印陶）

咸商里宣
（印陶）

咸郿里致
（印陶）

诏丞相状绾法度量则
（印陶）

咸亭当柳昌器
（印陶）

亭
（印陶）

美阳工苍
（印瓦）

高阳工乌
（印砖）

图 14-1　印陶和印瓦

焦亭（印陶）　咸新安盼（印陶）　栖（印陶）

当阳克（印陶）　降高（印陶）　卫（印瓦）

图 14-2　印陶和印瓦

15. 朱白相间印

一般来说印章有两大类，一类系朱文印，另一类系白文印。而朱白相间印即用调和兼并的手法，在同一方印章中，既有朱文文字，亦有白文文字，这类章法称为印文朱白法，这种印章也叫阴阳相间印。这类印章盛行西汉，形式多样，各具特色，尤其是边栏与印文的衔接、配合更有趣味。印文的字数有一朱二白、一朱三白、二朱三白、二朱二白、三朱一白等。朱白的位置变化多端，有的朱文在左、白文在右，或朱文在右、白文在左，从中间一分为二，呈左右均衡式。有的朱文在上、白文在下，或白文在上、朱文在下。有的朱白呈对角分布。有的整个印文三个角是白文（或朱文），只有一个角是朱文（或白文）。有的朱白之间分栏加格，有的有意不刻边栏。细观之，不难发现一般笔画少的印文刻成朱文，笔画多的刻成白文。朱文笔画的空间距离基本等同于白文笔画的宽度，故常令人朱白难分。邓散木先生在《篆刻学》中说：“大抵笔画少者，则取简者朱之，繁者白之，朱白之间，各适其宜，不可强合。”此话确系设计刻制朱白印的基本原则。朱白相间印亦是书画作品落款或起首的常用印。参看图 15-1、15-2。

16. 饰灵印

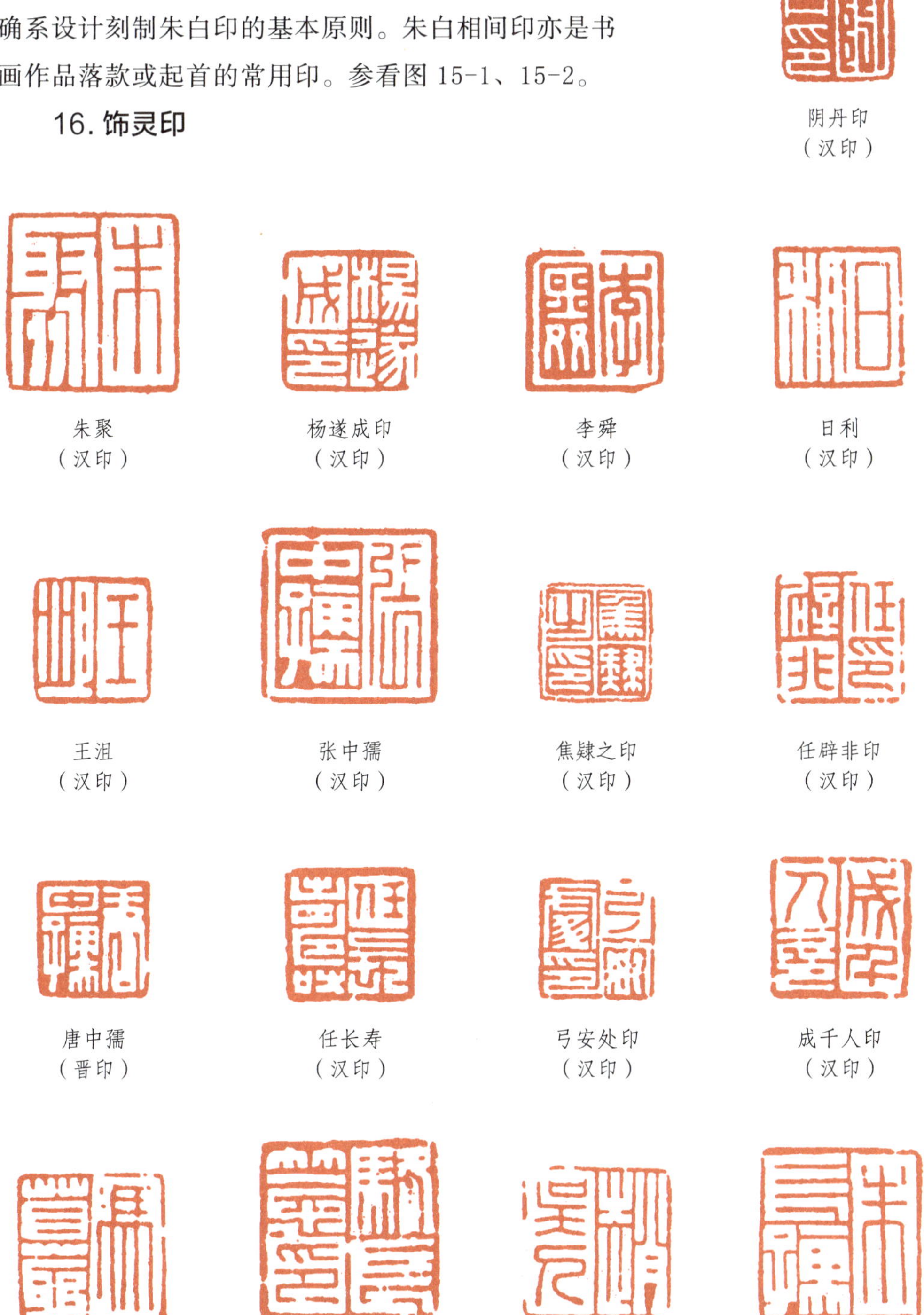

阴丹印（汉印）

朱聚（汉印）　杨遂成印（汉印）　李舜（汉印）　日利（汉印）

王沮（汉印）　张中孺（汉印）　焦隸之印（汉印）　任辟非印（汉印）

唐中孺（晋印）　任长寿（汉印）　弓安处印（汉印）　成千人印（汉印）

冯莫耶（汉印）　骆长荼印（汉印）　赵吴人（汉印）　朱长孺（晋印）

图 15-1　朱白相间印

武强唯印
（东汉印）

夏贤之印
（汉印）

冯真贤
（汉印）

北国风光
（王本兴刻）

王本兴之印
（王本兴刻）

王云
（王本兴刻）

清明时节雨纷纷
（王本兴刻）

黄山松烟
（王本兴刻）

图 15-2 朱白相间印

表示祥瑞的图形有龙、虎、鸾凤、朱雀、蝙蝠、鹤、龟等形。青龙、白虎、朱雀、玄武又专称“四灵”。古人制印时，将印文与这些灵形有机结合。印文作为主体，端庄大方，平正亮丽地设计在印中主要部位，然后在印文周围饰以灵形，使印文更为突出鲜明，更富有艺术性。两者浑然一体，制成饰灵印章。有的印章饰有一灵、二灵、三灵，有的饰四灵甚至更多。灵形皆有头有尾，甚至有目有舌，顾盼呼应，造型简练，生动传神，内容丰富，形象别致，不仅古朴可爱，且妙趣横生。饰灵印起于春秋，盛于战国、两汉，至六朝以后渐趋衰落，到明清时，文人印又开始重视饰灵印章。这是一种独特的美术化装饰性印章，它以与众不同的面貌在印苑中独标风范。其在刻制时要求刻制者把握好灵形图像的神韵与意境，用刀灵活自如，不计工拙，不事修饰，尤其是灵形的线条不能有半点迟疑与刻板，否则会失去生气与神采，灵而不活。饰灵印亦是书画作品落款或起首的常用印。参看图 16-1、16-2。

乘马安世
（古玺）

印
（汉印）

王贵
（古玺）

王乐平
（汉印）

苏胜信印
（汉印）

赵多
（汉印）

日利
（汉印）

少年唯印
（汉印）

日千万
（古玺）

冷平
（汉印）

张春
（汉印）

吕平
（汉印）

王昌之印
（汉印）

少卿
（汉印）

封信愿君自发
（汉印）

正朱子直
（汉印）

王长伯
（汉印）

图 16-1　饰灵印

曹宾
（汉印）

王子卿
（汉印）

巨张千万
（汉印）

神
（王本兴刻）

自强
（王本兴刻）

珍重年华
（王本兴刻）

康而乐
（王本兴刻）

善
（王本兴刻）

图 16-2　饰灵印

17. 无边栏印

有一种印章不设任何边栏，这种无边栏的印章是篆刻艺术中的一种特殊形式。虽无边栏，但整个印章仍在一个无形的边栏之中。实际上印章设计时是在一个有形的边栏内构思布白，只是在刻制时没有刻出边栏而已。印章实无边、似有边，不乏方整、雄浑之感。其文字的揖让、呼应、协调更经过一番苦心经营，其视觉效果聚而不散，因而更具有朴实、豪爽的篆刻艺术力。刻制时可以将印文靠外的线条拉长或加粗，使其起到边栏的作用，给人一种似有非有、隐隐约约的模糊感。此外，无边栏印章的印文一般为朱文，以突出其平稳端庄、刚健遒劲的格调。切忌布白松散、线条疲软、缺乏生气。无边栏印可作为书画作品落款或起首的常用印。参看图 17-1、17-2。

大利石卿召
（汉印）

常骑
（汉烙印）

巨吴
（汉印）

巨蔡千万
（汉印）

道侯骑马
（汉骆印）

富溪汪氏
（汪士慎印）

以佛治心以道治身
（沈六泉印）

放情宇宙之外
自足怀抱之中
（清岳高印）

不可一日无此君
（王本兴刻）

永愿作鸳鸯伴
（陈铼印）

如今是云散雪
消花残月阙
（赵之谦印）

琴罢倚松玩鹤
（文彭印）

笔头尘土渐无痕
（高翔印）

前度刘郎今又来
（王本兴刻）

古来多被虚名误
（王本兴刻）

月迷秦淮
（王本兴刻）

乡心正无限
（王本兴刻）

图 17–1　无边栏印

李逸印信
（三国印）

两峰画印
（罗聘印）

寿佗
（汉印）

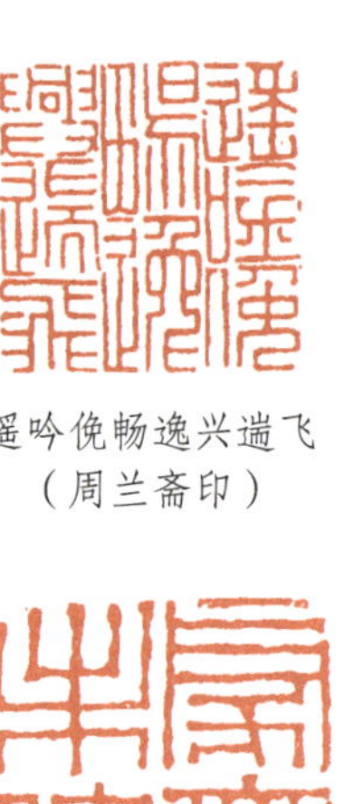

遥吟俛畅逸兴遄飞
（周兰斋印）

开卷有益
（陈渭印）

鲤印
（李鲤印）

七十二峰深处
（文彭印）

豪气未除
（赵懿印）

图 17-2 无边栏印

18. 亚字形印

在古今篆刻艺苑中，有一类印章的边栏源自汉字的“亚”字形，故称其为亚字形印。“亚”字在各种书体中写法不同，而篆刻中的“亚”字形边栏则取自甲骨文与金文的“亚”字之形。这种特殊的形状给人一种新鲜别致的感觉，经过艺术家特殊的设计刻制，就愈加引人注目、妙趣横生。亚字形边栏已不拘泥于原来的“亚”字，只是某些地方形似而已，更多的是注入了典雅、空灵、遒丽的神韵。一般在刻制时切忌四边平行、缺乏变化。尤其是四个角的小弯弧，不能千篇一律，而要大小有别，粗细不同，各显其姿。亚字形印可作为书画作品落款或起首的常用印。参看图 18-1、18-2。

示禽示
（商玺）

爵鼎文
（周）

厝鼎文
（周）

钟鼎婼钲文
（周）

鼎文
（周）

图 18-1 亚字形印

钟鼎篕文
（周）

钟鼎觚文
（周）

钟鼎篕文
（周）

钟鼎篕文
（周）

秋士
（清黄鞠印）

虎鼓
（谈月色印）

中陶父
（吴让之印）

龙蛇
（王本兴刻）

阮元之印
（阮元印）

吴
（吴观岱印）

子戊
（戴本孝印）

乙丑丁亥
庚子戊寅
（王福庵印）

□方鼎文
（周）

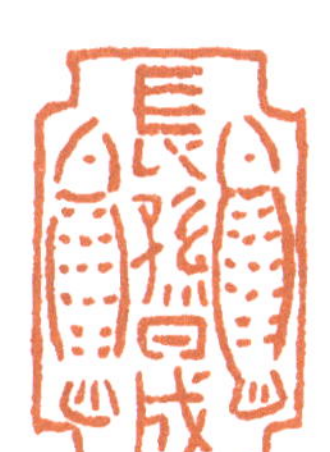

长孙日成
（赵穆印）

抱罍子
（吴云印）

公绥
（姚绥印）

清风相伴
（王本兴刻）

天生我才必有用
（王本兴刻）

少见多怪
（王本兴刻）

竹径通幽
（王本兴刻）

图 18-2　亚字形印

第二章　印章的价值

第一节 印章悠久的历史

“印章”或“图章”，一般人以为是刻上私人姓名，供领工资、领邮件或写信时打戳儿的用具，或是刻上机关、学校、厂矿等单位的名称，用于盖在公函、证明、证件、介绍信等上的章子。然而，这里要说的印章，是指艺术家以篆文为主体文字，镌刻于石头或其他硬质材料上，既可钤盖在国画、书法或其他艺术作品上，也可钤盖在书籍、藏品等上的艺术作品。

篆刻艺术亦称印章艺术，历史悠久，用刀刻文字的艺术形式远在三千七百年前的商代就很普遍了，甲骨文就是刀刻艺术的实证。20 世纪 30 年代，河南安阳出土了三方“商玺”，这是我国现存最早的印章。参看图 19。

到了周代以青铜材质为主的印章“周玺”兴起，特别是春秋战国时期，玺印的使用极为盛行，印制繁多，大的宽达三寸，小的仅两三分，朱白具备。“籀书”为文，有的不易识读。官印都用白文，朱文印章四边有栏，字画瘦细，而边栏一

□甲　　示禽示　　□□印省

图 19　商玺

般较为宽绰。我们可以将秦之前这段时期称为印章艺术的兴起时期。参看图 20。

秦代印章文字由“籀书”演变为“篆书”，帝王之印称“玺”，大臣及百姓之印称“印”。故印的名称应是从秦开始的，印制也成为方寸之定式。秦印

得志　宗安　鲁地　善寿　孙贤　石城强司寇

马适□　圣人　阌安　秦是　事敬　鲁城发弩

杜□　牛莫　事疡　长种　鄐身　郇疾

千秋　悊　殳会　肖疾　乐戏　郪过

孙迷　上官黑　孟皇　事州　公孙秦　苏间

高马重　鲁车石　事戏　阳城萦　文余西强司寇　王鸣

图 20　周小玺

大体可分为三种：一为官印，较大，多白文制式，带田字格栏，印文精妙古雅；二为私印，较小，朱文居多，印文古奥近似籀书；三为半通印，长方形，带日字格栏。此外还有圆式、椭圆式小玺，亦很美观典雅。参看图 21-1、21-2。

右马厩将

章马厩将

小田厩南

弄狗厨印

左马厩将

右马厩将

铚粟将印

右司空印

左中将马

南海司空

官田臣印

右公田印

丧尉

贾禄

诏发

南卢

阴颏

图 21-1　秦代印

连虒

瘳印

赵御

周商

韩窯

图 21-2　秦代印

汉代印章空前灿烂兴盛，印文由小篆演变为“缪篆”，白文居多，文体平正方直、浑厚古朴。官印形制基本一致，其中粗白文印特别苍劲庄重、气势雄厚。“急就章”乃军用官印，生动自然，别具一格。汉私印制式繁多，有白文、朱文、朱白相间，回文、图纹边、肖形印等。此外，还有两面印、多面印、母子套印等。从印文字义上还可分为姓名印、字号印、吉语印等。由于公私文书皆用竹简木牍，而印章多作封检用，故有大量“封泥”诞生。泥质坚固，流传至今不坏，可以用墨拓下来。盖封泥都用白文印，故后人拓下的皆为朱文，印边斑驳自然，古拙别致。秦、汉印的艺术价值很高，篆刻家都以此为典范，称为“印宗秦汉”。这一时期可称为印章艺术的繁荣时期。参看图 22-1、22-2。

泰子

广汉大将军章

帝印

前锋突骑司马

图 22-1　汉印

陷敶破虏司马

驸马都尉

陷敶司马

军曲侯印

奉车都尉

冯莫耶

孙世之印

定陵邑印

隗长

伏波将军章

宣威将军印

转巷

砀臛

张苍

展同

苏冰私印

辟疆

矦志

黄立私印

河间王玺

图 22-2　汉印

魏晋南北朝印章系两汉的延续，隋唐时期简牍废止，有了纸张，方寸之印已不合时宜，故改用二寸左右的大印，宋、金、元时期，印式又有增大。在官印中还诞生了“九叠篆”，印文笔画停匀盘绕，层层叠叠，因缺少气势风韵，为后代艺术家所不取。这一时期可称为印章的衰微时期。但在这一时期的后期，由于士大夫重视私印，出现了斋馆印、收藏印、闲章等，并开始用在艺术作品上，故此时已见印章脱离实用性而走上艺术道路之端倪。参看图 23-1、23-2。

永世侯印
（晋印）

宣成公章
（晋印）

晋兴亭侯
（晋印）

齐王国司印
（唐代印）

奉使之印
（唐代印）

阳县尉印
（金代印）

蕃汉都指挥使
（西夏印）

桑乾镇印
（隋代印）

安西将军司马
（南朝印）

椎斧司马
（南朝印）

荡难将军印
（北朝印）

图 23-1　魏至元代印

荡寇将军印
（北朝印）

宣威将军印
（北朝印）

商七花押
（元代印）

嘉与府驻扎殿前司
金山水军第二将印
（元代印）

管军千户
（元代印）

花押
（元代印）

异形花押
（元代印）

索
（宋代印）

图 23-2　魏至元代印

明清以来直至近代，可称为印章艺术的“文人印”时期。由于印章材料改变，人们以石治印，使之与书法、绘画一样成为一门独立的艺术。此时期官印淡出，私印盛行，刀法日趋成熟，且印人辈出、流派纷呈。如在被举为开宗立派的鼻祖文彭之后，继而有皖派、浙派、吴门派、娄东派、齐鲁派、东皋派、云间派、泗水派、莆田派、虞山派、邓派、吴派、赵派、齐派等诸家。他们各领风骚，不仅在刻印实践上不断创新，在理论上也进一步总结研究。印学书籍纷纷出版，如《印人传》《赖古堂印谱》《十钟山房印举》《广印人传》《学山堂印谱》《飞鸿堂印谱》《东皋印人传》《澂秋馆印存》等不下数百种，成为后人学印之宗。印章艺术发展至今，更是风起云涌，百花齐放，多姿多彩，呈现前所未有的热潮与繁荣景象。篆刻走上了一条艺术的、规范的道路，印章亦成为具有极高审美价值与收藏价值的艺术作品。参看图 24-1、24-2。

文彭之印
（文彭印）

苏宣之印
（苏宣印）

结客少年场
（沈凤印）

子公
（梁袠印）

兰雪堂
（何震印）

笔歌墨舞
（邓石如印）

松圆道人
（汪关印）

顾苓之印
（顾苓印）

蒋仁印
（蒋仁印）

东鲁布衣
（巴慰祖印）

家在齐鲁之间
（高凤翔印）

太羹玄酒
（甘旸印）

楚国米芾
（米芾印）

文徵明印
（文徵明印）

心不贪荣身不辱
（吴让之印）

五湖烟水
（文彭印）

草贤
（归昌世印）

江左世家
（王大炘印）

孙文之玺
（李尹桑印）

每蒙天一笑
（李流芳印）

图 24-1　明清文人印

藕厓道人
（丁敬印）

寂善之印
（丁敬印）

想桃源路通人世
（许容印）

心如醉
（许容印）

江风山月
（文彭印）

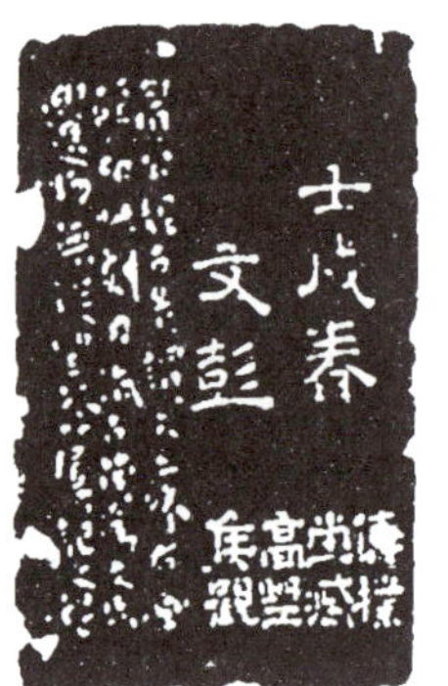

画隐
（文彭印）

图 24-2　明清文人印

第二节　印章厚重的艺术价值

篆刻，又名治印、刻印章，因为自古治印都用篆字，故统称篆刻。印章和我国的书法、绘画、雕刻一样，具有独特的艺术价值。它历史悠久，风格别具，与人民的生活有密切的联系。在一方小小的印章上，融书法、绘画、雕刻于一体，方寸之上，变化万千，有无穷的趣味，形成了一门独特的艺术。治印要求作者有较高的书法修养、文学修养，要求作者善于运用各种刀法，特别是善于运用形式美的规律。一方印的成功，离不开篆法、章法、刀法，在艺术上必然形成各种矛盾的统一，而且要抒发感情，表现性格，形成自己的独特风格。书法是印章的根本，在构成印章艺术美中起着主导作用。字体笔画的长与短、肥与瘦、简与繁、疏与密，以及这些线条所表现的力度、气势、风格、神韵等，都决定着印章艺术性的高低。我们说，书法家不一定是篆刻家，但篆刻家必须首先是书法家。篆刻家和书法家的不同，在于篆刻家的书法不是用笔而是用刀刻出来的。因此对刀法的掌握与运用，特别是刀在石上产生的各种效果，就成为篆刻艺术审美意义的重要特征。刀法的冲与切、生与熟、巧与拙，不仅直接关系着印章的艺术水平，而且更是构成各种印章风格的重要因素。尽管印章的刻制，不过一刀一石，且在方寸之间，但它的艺术要求却奥妙无穷。既要表现豪壮飘逸的书法笔势，又需含优美悦目的绘画构图，并且要具备生动的雕刻特征，达到既古朴、典雅，又浑穆、纯正的艺术境界。

2008 年北京奥运会的会徽，就是取象于篆刻印章构思设计而成。好的印章作品洋溢着浓厚的时代气息，能体现民族精神。欣赏工艺精湛的作品，既赏心悦目，得到美的艺术享受，又可启迪心灵，陶冶情操，提高审美情趣，丰富精神文化生活。这就是篆刻厚重的艺术价值。概言之，印章艺术价值有如下几点：

1. 能融书法、绘画、雕刻于一体；
2. 有深远的传统特色；
3. 是民族精神的体现；
4. 有浓厚的时代气息与个性情趣；
5. 陶冶情操；
6. 具有浓缩文学、文字修养的深厚内涵。

第三节　印章特殊的功用

在古代，印章的主要用途是作为取信于对方的一种标志。《后汉书·祭祀志》中说：“自五帝始有书契。至于三王，俗化雕文，诈伪渐兴，始有印玺，以检奸萌。”印章的使用在春秋战国时期已很普及，先秦和汉时的印章多加盖于物件、简牍的封泥上。官印又是权力的象征，代表着官阶和职位。后来简牍换成了纸，封泥之用渐渐废除。印章皆用朱色钤之，除日常应用，又可以运用在书法、绘画和木刻等艺术作品上，辅助说明艺术作品的主题内容、作者、创作日期、收藏者等，增加作品构图的美感，成为艺术作品的一个重要组成部分。当然也有人对印章情有独钟，觉得拥有了自己心仪的印章，就拥有了身份与地位，这种别样的价值观，也许是华夏子孙特有的烙印与血脉传承。

前人往往把篆刻和书法、绘画相提并论，称之为“金石书画”。概言之，印章艺术特殊的功用有如下几点：

1. 取信的标志；

2. 身份、权力的象征；

3. 兼具收藏、实用价值的雅玩；

4. 是红色的代表；

5. 完整艺术作品的重要组成部分；

6. 具有吉祥、辟邪等寓义。

第四节　印章特殊的意义

中国的印章三千多年来主要是以铸印为主，至唐宋时期出现鉴赏印之后，自刻印才出现。元明以来一些文人自己动手篆刻石印，遂开创了篆刻的新局面。以石印为主的研究、鉴赏以及用印，也有了特殊的意义，有三方面的内容必须明白与了解：

1. 对印石品种的认识和鉴别：对印石必须像对珠宝玉石那样理解其品位和价值，其中包括它的大小、色泽、形制等特点；

2. 对篆刻的了解、认识和鉴别：印石是篆刻的载体，石印作品同碑帖书画一样，有很高的艺术价值和商品价值，要把握其艺术层次和审美水准，以及图文的构体、线质、法度和印文的文化内涵；

3. 对篆刻家的了解：包括作者的品格面貌、文化修养、艺术功力，以及镌刻能力。

印章的研究和收藏是一门综合的学问，博大精深。它包括对印石的辨识、篆刻印派风格、印纽雕刻艺术、古文字学等内容，更涉及丰富的历史知识和社会生活知识，是一种高雅艺术，同时也是一种极有趣味的项目。

石刻印章自明清以来大兴，虽时代较铜印晚，但因为制作方便，涉及的内容范围非常广泛。上至皇帝之玺，下到平民私章，文人墨客抒发感情、记录历史事件、反映社会生活等，在印文上多有呈现。尤其是多面印、多字印，并不是书画的附属物，而是有独立内容的。在文字学上，甲骨文、金文、篆书、隶书等字体，无不包括。

印章是印文的载体，在其上以精深的书法刻有历史、民俗、艺术，甚至趣闻逸事等，那么此时的印材价值就成为次要，而它的文化意义价值连城。它所具有的文化价值，有的远远在字画、瓷器之上。概言之，印章艺术特殊的意义有如下几点：

1. 简单方便；
2. 考古宝物；
3. 雅俗共赏；
4. 记录历史；
5. 文化传承；
6. 集艺大成；
7. 智慧补充；
8. 红色享受；
9. 喜庆象征；
10. 书画必备。

第三章　印章的选择

书画作品用印的选择较为重要，包括印石的选择、印文的选择、风格的选择、大小的选择等。此外，对印泥的选择和使用也应注意。

第一节　印石的选择

常用的印石有青田石、寿山石、昌化石、辽宁冻石、巴林石等数种。

1. 青田印石

青田石因产于浙江省青田县而得名，是刻印最好的用石。它的优点是：脆而柔，细腻而无砂钉等杂质，刻时不会出现意想不到的崩裂与破碎。它不仅软硬适度，易于奏刀，而且能很好地表现篆刻的艺术效果。青田石夹生在顽石之中，好的青田石呈半透明状，故名“灯光冻石”，通体晶莹细润，好像美玉一般。市肆出售的新青田石章，多为淡青绿色，也有粉绿、酱紫、淡黄、绿灰等色的，价格相当低廉，用这种石材刻章最为合适。书画家在不同作品、不同场合、不同时期盖不同的印章，而用青田石刻章简单方便，价廉物美，适宜变换更迭，是较好的选择。有的人则认为高档次的印石显

图 25　青田印石

得使用者身份尊贵，地位显赫，更适宜用于大场合、大雅集。总之，作品用印的印石的选择应因地制宜，各取自便，没有统一规定。参见图 25。

2. 寿山印石

寿山石产于福建省寿山，品种极多。普通寿山石价格不高，适合篆刻初学者使用，亦适合作为盖印用石（参见图 26）。寿山石中的田坑石、水坑石都是名石，价格高昂。晶莹而带黄色的田坑石称“田黄”，其中遍体呈萝卜纹者为上品。还有黄、红、橙、紫等田黄石称“帝”，有“六德”：细、结、润、腻、温、凝（参见图 27）。民国时称“一两田黄三两金”，现在已是“一克田黄三两金”了，足见其珍贵程度。

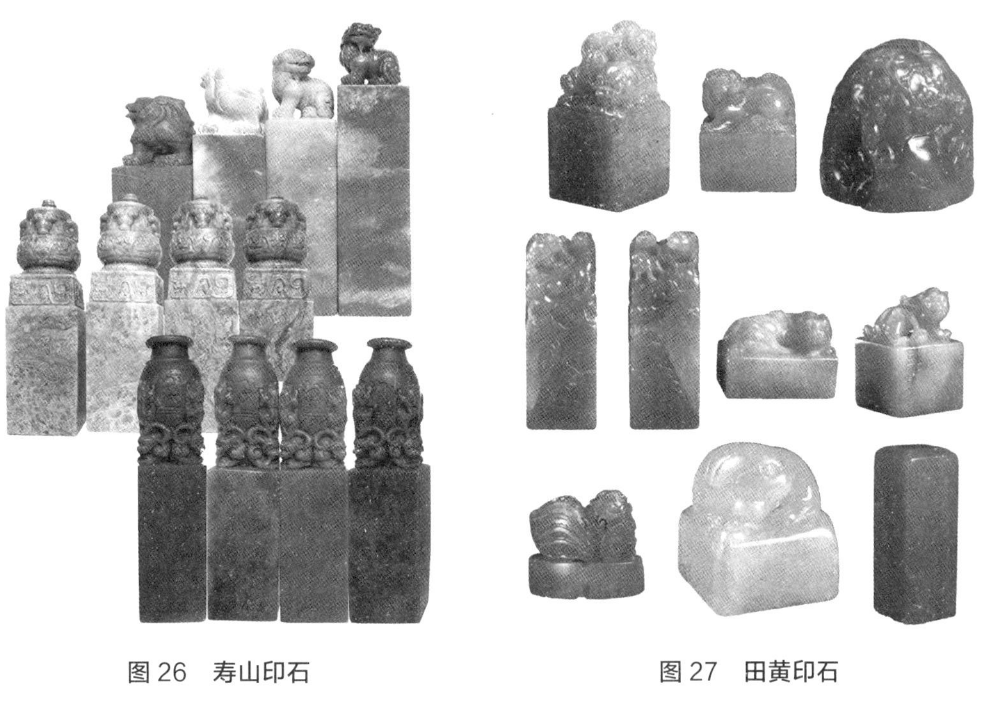

图 26　寿山印石　　图 27　田黄印石

3. 昌化印石

昌化石产于浙江省昌化县，石色斑斓。常见的有白、灰、红、紫等色，有的鲜红得像血色一般，故名“鸡血石”。鸡血石称“后”，极品大红袍鸡血石的价值不比田黄石低。这种印石更为难得，是昌化石中的珍品（参见图 28）。昌化石往往会有铁质砂钉，而且石质一般比青田石“干燥”一些、“涩”一些。普通昌化石也很适合篆刻初学者使用，以及用作印石。

图 28　昌化鸡血印石

图 29　辽宁冻印石

4. 辽宁冻印石

辽宁冻石属于叶蜡石种，产于辽宁省鞍山市岫岩县。辽宁冻石印料的一个突出特点是匀净，基本无天然绺裂，其外观与青田冻石非常相似，又貌似玉石。此石属单斜晶系绿泥石滑石岩，呈淡绿、碧绿、墨绿等色；颜色半透明至全透明，肌理隐有灰白色花纹；墨绿者近黑，微透明；石质纯净细腻，光泽强，多为层片状结构，绺性较强，石性韧松不均。此种印章石最适合篆刻细朱文，能充分展现篆刻艺术的刀笔意趣，表达篆刻者的个性与文字风采。参见图 29。

5. 巴林印石

巴林石属于叶蜡石，篆刻用的巴林冻石，石质细润，通灵清亮，色彩绚烂亮丽。巴林石主要产于中国内蒙古自治区赤峰市的巴林右旗大板镇西北，雅玛吐山北面的大小化石山一带。与寿山石、青田石、昌化石并称为“中国四大印石”。巴林石色泽斑斓、纹理奇特、质地温润，钟灵毓秀，堪称精美绝伦。早在 800 多年前就已被发现，并作为贡品进奉朝廷，被成吉思汗称为“天赐之石”。巴林石的分类命名，基本上采用传统印章石的品名，但也不乏自己的“名分”。

巴林石大体上可分为鸡血石、福黄石、冻石、彩石、图案石五大类。有朱红、橙、黄、紫、白、灰、黑色；有不透明、微透明的。巴林石呈块状，细腻润滑，晶莹如玉，是名贵的石雕材料；软硬适中，亦适用于印章镌刻。参见图 30。

图 30　巴林印石

其中福黄石与寿山田黄石不分伯仲，被称为“姊妹石”。福黄石质地透明而柔和、坚而不脆，色泽纯黄无瑕，集细、结、润、腻、温、凝六大要素于一身，凤毛麟角，珍贵至极，金石界亦有“一寸福黄三寸金”之说。巴林鸡血石是巴林石中的极品，其质地温润坚实，石上斑斑血迹聚散有致，红光照人，犹如红霞满天，锦上添花。有“世界鸡血石在中国，中国鸡血石在巴林”的说法。巴林彩石的彩色图案以天然见长，色彩艳丽多姿，纹理惟妙惟肖、美丽奇妙。巴林彩石上绚丽的色彩，流畅的线条，栩栩如生的水草松枝等天然画面，千姿百态的景物图案，有极高的观赏价值。凡出现人物、动物、植物等各种图案的巴林彩石皆鬼斧神工地表现了大自然的奥妙。

印石种类繁多，此外还有大松石、莆田石、莱石、煤精石等。除了印石，金、银、铜、铝、玉、竹、象牙、牛角、黄杨木等材质的印章皆能作为书画作品用印。因地制宜，因人而异，经济条件允许可选用高档、贵重的印石，若经济条件不允许或非兴趣所致，使用普通印石亦未尝不可。再者，不同的印石盖在书画作品上的效果基本是一样的。

第二节　印风的选择

印风与入印文字、印面制作形式有关。从篆刻的角度及历史上富有典型特征的篆书汉字载体来看，主要文字类型有：甲骨文、陶文、砖瓦文、古玺文、缪篆文、金文、古币文、诏版文、简帛文、鸟虫篆、小篆、瓷押文等。其中以甲金大篆、汉缪篆及小篆为主要入印文字。

印面形制多种多样，有古玺印风、汉印印风、封泥印风、瓦当印风、明清文人印风、流派印风、铁线篆印风等。为了与书画作品吻合对应，我们不妨把印风分为三类：其一，古朴粗拙的秦汉玺印印式；其二，方正端庄的汉印印式；其三，清俊典雅的铁线篆印式。

基于此，笔者一向认为，一个篆刻家只有善刻古玺印、汉印及铁线篆印，才能称为真正的篆刻家。而此三者亦是书画常用印式。

1. 古朴粗拙的秦汉玺印印式

秦代文字字体由“籀书”演变成“篆书”，此时印文称为“玺印文字”或“篆书文字”。秦印一般有下列几种：较大的白文官印带田字边格，印文苍劲；半通印带日字边格，长方形；印面较小带粗边框的私印，私印以朱文居多，长宽仅三五分。秦印印文古奥，近似“籀文”，亦称“周秦古玺”，边栏粗拙，结构奇特，字体挺拔秀丽，较有代表性。有一类汉印与之类近，用刀无拘无束，显示豪迈、拙厚的韵味，深受历代书画家青睐与喜爱。近现代书画家喜欢刻制粗拙古朴的印章形式，用于气势宏大、波澜壮阔、粗拙写意一类书画作品上。当然也可以钤用在其他传统、典雅的书画作品上。长方形、椭圆形的印式也可用于起首与腰章。这些印章的主要特点就是粗壮、古朴、残破、恣肆、豪放、自然。参见图 31-1、31-2、31-3。

值得注意的是，那些超越传统底线与法度的，粗放、狂野的现代派印章印风（参见图 32），与上述古朴粗拙的秦汉玺印印式不能混为一谈，两者的艺术审美不在同一层面上。这些现代派印章，除了可以钤在与之匹配的粗放狂野的现代派书画作品外，一般不能选为书画作品用印。

文彭之印（文彭印）

董洵之玺（巴慰祖印）

莲舫（巴慰祖印）

郑簠之印（程邃印）

程邃之印（程邃印）

图 31-1　古朴粗拙的秦汉玺印印式

穆倩
（程邃印）

玉立氏
（程邃印）

蒲华印信
（徐三庚印）

作英诗画
（徐三庚印）

金城印信
（吴昌硕印）

峻齐
（吴昌硕印）

恕堂
（吴昌硕印）

烟村
（赵石印）

铄迦罗心室
（赵石印）

谦斋
（沈凤印）

晚春老人
（汪士慎印）

兰泉一字涉园
（王大炘印）

鲁盦
（赵叔孺印）

洞口扫花人
（王大炘印）

德量
（江德量印）

蟫藻阁印
（江德量印）

凤先生
（吕凤子印）

大厂居士孺
（易大厂印）

图 31–2　古朴粗拙的秦汉玺印印式

汉民之玺
（易大厂印）

张长君
（苏宣印）

张灏之印
（苏宣印）

张灏之印
（苏宣印）

止怒轩主人
（吕凤子印）

李祯之印
（李苦李印）

山阴李祯章
（李苦李印）

师莱
（李苦李印）

六枳亭长
（李苦李印）

退翁七十学隶
（李苦李印）

王
（王本兴刻）

本兴
（王本兴刻）

图 31-3 古朴粗拙的秦汉玺印印式

2. 方正端庄的汉印印式

汉代社会安定，国力强盛，科技、文化等方面都有了全面的发展。私营手工业也相应地发展起来。手工业制品的兴起，对印章的制作与发展也起到积极的促进作用。汉代是一个成就辉煌的时代，此时印章艺术空前灿烂兴盛。以白文印为代表，印文字体由小篆演变为缪篆，篆法平直方正，近似隶书，浑厚古朴，外朴内巧。“满白文”印笔画粗壮，浑厚朴实，苍劲庄重，气势雄厚。“急就章”

紫花

水墨三社

金陵文印馆

一树幽花

烟云养心

秋似美人

山水大象

老男儿不成名

孤云独游

落花观鱼

云去山开

鸾凤

图 32　粗放狂野现代派印章（王本兴摹）

多半是军用官印，这种印章刀痕明显，笔迹锋利，生动自然，不加修饰，有时歪歪斜斜别具天趣。汉官印是代表官职的标志，当时文武官员任免升迁都会被授予印章。汉“私印”种类很多，在使用上也不受严格的制度限定，发展较为自由，从内容到形式都超过前代。汉代建筑营造和厚葬之风，以及营字、陵墓的兴建盛行，印砖、印瓦也大量生产。以印章作为殉葬之风在官民中都较为流行。现存的大量传世汉代官、私印作品，大多是从墓葬出土的。有的也存在于近代出土的“封泥”中，或残留在当时的砖、瓦、陶等建材与工艺品上。其制作手法有铸、凿、琢等；其文字体式有小篆、缪篆、殳篆，鸟虫篆等；其文阴阳有朱文、白文、朱白相间等；其风格有严整、雄浑、豪放、肆意、遒丽、刚劲等；其图像印多采用单组的、平面的剪影式，简练概括。不论采用何种形式与手法，汉印的共同点是能表现汉朝的雄强、豪放、博大、精深的时代特点和民族风格与气派，从而形成我国印章艺术上的一座高峰。

汉代印章内容丰富，形式多样，气势雄浑，方正端庄，制作精良，受到历代文人墨客的重视与喜爱，也是书画作品用印的主流印章。“印宗秦汉”至今依然是艺术层面上的圭臬。绝大多数典雅、传统、珍贵、清新的书画作品，皆选用此类印式。长方形、椭圆形的汉印印式也可用于起首与腰章。参见图33-1、33-2、33-3。

孙氏子桑
（汪关印）

师昌世印
（汪关印）

朱玄祯印
（汪关印）

王声之印
（巴慰祖印）

吴承潞印
（吴昌硕印）

陶在宽印
（吴昌硕印）

秦康祥印
（王福庵印）

睿识阁
王福庵印

许令典印
（甘旸印）

朱之儒印
（甘旸印）

梁士升印
（甘旸印）

钱谦益印
（朱简印）

冯梦祯印
（朱简印）

图 33-1　方正端庄的汉印印式

王穉登印
（朱简印）

汪道昆印
（朱简印）

白崇禧印
（谈月色印）

孙科私印
（谈月色印）

冯玉祥印
（谈月色印）

谈月色玺
（谈月色印）

徐悲鸿
（乔大壮印）

章士钊印
（乔大壮印）

潘伯鹰印
（乔大壮印）

陈瓘私印
（黄学圮印）

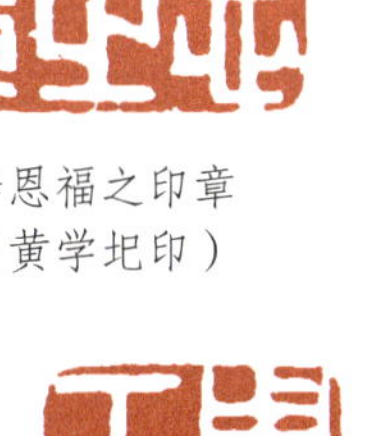
李恩福之印章
（黄学圮印）

沈则柯印
（翁大年印）

沈兆霖印
（翁大年印）

沈凤私印
（徐坚印）

故安侯印
（徐坚印）

周亮工印
（胡正言印）

朴庵
（胡正言印）

沈凤之印
（沈凤印）

北萱一字颂陀
（汪大铁印）

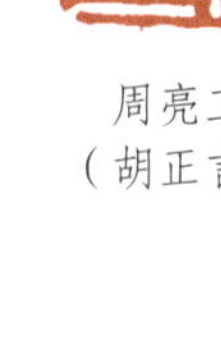
富溪汪氏
（汪士慎印）

容堂
（汪士慎印）

图 33-2　方正端庄的汉印印式

吴红
（王本兴刻）

观音成道日生
（王本兴刻）

四喜堂
（王本兴刻）

王本兴印
（王本兴刻）

图 33-3　方正端庄的汉印印式

3. 清俊典雅的铁线篆印式

铁线篆实际上是将小篆印化入印的篆印文字，陈炼《印说》云：“小篆，李斯改省大篆之文，破圆作方，悉异古制，谓之小篆。其法文如铁石。势若飞动，一点一画，矩度不苟，藏妍精于朴茂，寄权巧于端庄，冠冕浑成，斯为中律。”其书体主要特点是：字形结体偏圆，大小匀称一致，比大篆更有规律与统一性。其艺术美感主要表现在点画线条的自然流畅、婉转遒丽的节律上。故铁线篆者，字画线条瘦健有神、圆融洁净、袅娜多姿、婉转流丽、刚劲如铁、富有弹性，似绵里藏针，因而得名。铁线篆的一分支系以邓石如为代表的清篆，线条偏粗，字形稍长，上紧下松，用隶法作篆，形成了从圆朱文演化出来的，以铁线篆为依托的小篆别样风貌。基于上述，铁线篆印式亦可谓小篆细朱文印式，与圆朱文印式虽然有所区别，但在印式范畴内，大同小异。皆清俊典雅、刚健挺拔、骨力内含，讲究弹性与张力，并向左右穿插呼应。篆法结体上带有较多的横势；章法上印文的字距、行距较为紧密，边与文有较多的连接，入印文字可多可少；谋篇的整体性、连贯性较强。印文飘逸舒展、多姿妩媚，作者还有意将篆文进行了压缩改造，使疏处更疏、密处更密，结体转折处微露圭角，其线条从粗到细，又从细到粗，变化十分微妙精巧。铁线篆印文点画精到，刀法娴熟，意态舒展，笔力遒劲，挥运自然，严整优雅，气势磅礴，形神兼备，结体疏朗，异常工致精巧，其艺术水准达到了一个新的高度。

这类印章大都用在工笔、工写兼顾，精工细腻的书画作品上。长方形、椭圆形的铁线篆印式亦可用作书画作品起首章。参见图 34-1、34-2。

松圆道人
（汪关印）

辟翁
（胡唐印）

鄞秦彦冲所藏竹刻
（王福庵刻）

彦冲
（王福庵刻）

禹功手获
（王福庵印）

崔庐
周甲后作
（王福庵印）

守寒巢
（王福庵印）

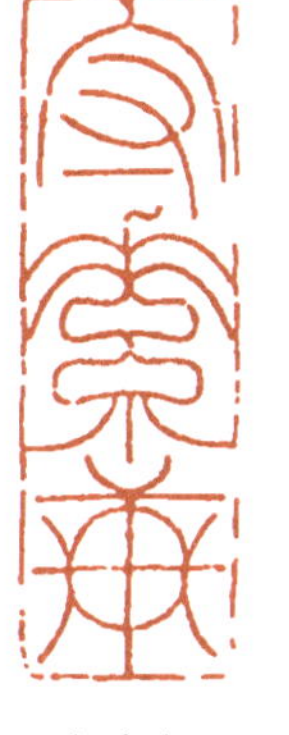
守素轩
（邓石如印）

天游阁
（赵叔孺印）

敬身
（丁敬印）

龙骧之印
（甘旸印）

光禄之章
（甘旸印）

金文华印
（甘旸印）

澂淮堂印
（甘旸印）

裴子
（童大年印）

景行楼藏书
（吴朴堂印）

蔡元培印
（谈月色印）

黄宾虹
（谈月色印）

南京图书馆藏
（谈月色印）

汪慎
（汪士慎印）

南京解元
（唐寅印）

图 34-1　清俊典雅的铁线篆印式

江左世家
（王大炘印）

天放翁
（王大炘印）

石来
（王尔度印）

丹叔氏
（王尔度印）

姚氏八分
（奚冈印）

难进易退学者
（吴让之印）

小帆小印
（吴让之印）

包氏伯子
（吴让之印）

丹阳吕睿
（吕凤子印）

致轩
（钱松印）

长稚学书
（钱松印）

图 34-2　清俊典雅的铁线篆印式

4. 对印章的了解

有些书画家的用印是自己镌刻的，但书画家不一定是篆刻家，因而多数书画家的用印是请别人刻制的，也有购买所得或篆刻家赠送的。无论何种情况，只要是自己的常用印章，就应做到三个了解：

（1）对印石品质要有所了解；

（2）对印文刀笔要有所了解；

（3）对篆刻作者要有所了解。

第三节　印章大小的选择

书画作品上用印的大小至关重要。根据实践经验，书画家必须备有不同大小的印章七枚。参见图 35。

1. 第一印：印面尺寸 3 至 4 厘米见方。朱文姓名印或朱文姓氏印。用于较大尺幅的书画作品上。

图 35　大小不同的七方印

2. 第二印：印面尺寸 3 至 4 厘米见方。阴文名印（与姓氏印配套合用）或阴文字号印、阴文闲文印。可与第一印合用，也可单用。用于较大尺幅的书画作品上。

3. 第三印：印面尺寸 2 至 2.5 厘米见方。朱文姓名印或朱文姓氏印。用于稍小尺幅的书画作品上。

4. 第四印：印面尺寸 2 至 2.5 厘米见方。阴文名印（与姓氏印配套合用）或阴文字号印、阴文闲文印。可与第三印合用，也可单用。用于稍小尺幅的书画作品上。

5. 第五印：印面尺寸 1 厘米左右见方。朱文或白文姓名印。用于较小尺幅的书画作品上（如小品、扇面等作品）。

6. 第六印：印面尺寸长 1.5 厘米至 1.8 厘米，宽 0.5 厘米至 0.8 厘米，长方形或椭圆形。朱文或白文闲文印。用于较小尺幅的书画作品的起首印（如小品、扇面等作品）。

7. 第七印：印面尺寸长 2.5 厘米至 3 厘米或 3.5 厘米至 4 厘米，宽 1.2 厘米至 1.5 厘米或 1.8 厘米，长方形或椭圆形。朱文或白文闲文印。用于稍大尺幅的书画作品的起首印。

有了以上 7 种大小不同的印章，基本上够用了。

当然，备有更多大小不同的印章更好、更方便。

第四节　印泥

选择印泥，就像善书者选择笔墨一样。其品质的好坏直接影响钤印的艺术效果。篆刻钤印或书画上用的印泥，并非一般文具店所售之印泥。文具店所售之铁盒印泥可称为办公印泥，是达不到书画艺术效果的，不可用于金石书画。参见图 36。

图 36　办公印泥

质地好的印泥，钤印出来的图文色彩鲜美而沉着，有立体感，有精神。质地差的印泥钤印出来的图文，则色泽灰暗或浅薄，有的油迹浸出，使印文模糊，极不雅观。好的印泥以红而不燥、厚亮细腻、色彩鲜明或苍老者为上品。古今书画大家对印泥非常重视，所作书画选用的印泥必须精良，以免有损作品的美观，降低作品的价值。

印泥的颜色很多，有朱砂、朱磦、古色、棕色、黑色、黄色、橘红色等数十种。在书画作品上一般以使用红色印泥为主，红色的印泥一般分朱砂、朱磦等（参见图 37）。当前，以福建漳州八宝印泥、杭州西泠印社西泠印泥、常州璟玉堂的龙泉印泥，以及苏州姜思序堂、徽州益寿堂、北京荣宝斋等所制印泥为佳。市肆书画店所卖之印泥品种很多，价格不等。只要细腻厚亮，色艳而沉着且不渗油者即可选用。

图 37　印泥

制印泥的原料是“艾”的纤维、蓖麻油和朱砂等，经精工检验，合理配制，手工捣揉制作而成。深棕红色的朱砂印泥，有人称之为“寿星”。它是用漂制朱砂时沉淀在乳钵最下层的朱砂制成的，颜色厚重沉着，非常美观。朱磦印泥是由漂制朱砂时上层的朱砂细末与艾丝、油等调制而成，略呈红黄色，如同熟透的橘子皮颜色，非常典雅。此外，还有仿古印泥（深褐色）和黑色、蓝色、绿色等印泥，一般较少使用。

图 38　瓷器印盒

保管印泥时，不可使用钢、铜、铁等金属盒存放，亦不可存放于紫砂盒内，因印泥与金属物接触，日久会变黑，影响质量。印泥宜用瓷缸或玉盒贮藏（参见图 38），且应置于荫凉处，使用时要轻按轻提。每次用过后，需将盒盖盖好，防止灰尘进入而有损色泽。此外，印章要擦拭干净方可蘸泥。印泥在存放过程中，每隔十天半月必须将其翻调搅拌一下。因朱砂重而沉，油质轻而浮，久之不动，则砂体下沉而易结成硬块，经常翻调保养，使之匀和，则可经久耐用。冬季天冷，勿放在过冷的地方，印泥容易受冻，变得干硬，用之前应在太阳下晒晒，或将其适当加温，使之变软后再用。

印泥日久油干时，可以加适量的油，但必须用放置多年的白蓖麻油，勿用新油，因为新油易于渗油。鉴别印泥，以印出来的图文颜色既厚又不向外渗油为原则。好印泥钤在书画上，时间愈久，色泽愈能显示出神韵。

第五节　印章选择的总体要求

选择印章以“九要”“五不”为总体要求。

九要：

1. 石质要清净；2. 印纽要别致；3. 边款要典雅；4. 印式要优美；5. 文字要情趣；6. 虚实要合理；7. 线条要朴质；8. 刀笔要生动；9. 气势要博大。

五不：

1. 不杂乱；2. 不模糊；3. 不粗野；4. 不狂怪；5. 不美术化。

第四章　用印基本法

钤印是完成一件书画作品的最后一道程序，其作用可归纳为保证书画作品的完整性、艺术性、标志性。故盖印盖得好，则为书画作品锦上添花。如果盖印的位置不合适，则画蛇添足，且破坏了作品的平衡与艺术效果。下面将阐述用印基本之法。

第一节　姓名、字号印用印基本法

姓名章是书画题款署名用章。姓和名一般连在一起，也有分为两个印。书画题款用章，以一姓名、一字号印居多，也有一姓氏印加一名字印的形式。两方印一阳一阴，大小、风貌基本相同，也可上印小一点，下印大一些。在落款下方盖印，要对准款文的中轴线，偏离中轴线会影响款文与印章的协调与美感。在落款文字左侧盖印，要注意印、文的揖让、顾盼与平衡协调。

书画作品落款内容齐全，文字较多较长，一般盖二印，有姓印与名印，或姓名印与字号印。

书画作品落款内容较短，款文已落上姓名，可只盖字号印或姓名印。

书画作品不落款者，应用姓名章，加一字号印，以利于辨识作者。

另有如下几种特殊用印法：

古人用章讲究礼仪，凡卑幼、学子致尊长的书画，款印只用名章，以示自谦尊长；

平辈之间书画往来所用印章，可以只用字号印，以示风雅文趣；

大家、尊长给卑幼、学生的书画，用字号印章或仅用姓氏印即可，以示尊严。

书画作品若款尾用多印时，一般不超过三枚，有“印不过三”之说。其次序是：先姓名章，后字号章，再后是闲文印。

图 39　赵之谦《四时果实图》
落款下盖一印

图 40　祝嘉《曰己簋》
落款下盖二印

图 41　笪重光《七言诗轴》
落款左侧盖三印

参见图 39，清代赵之谦的《四时果实图》，落款下只盖一印。

参见图 40，近现代祝嘉临书的《曰己簋》铭文，落款下盖二印，其上印比下印稍小。

参见图 41，清代笪重光的《七言诗轴》，落款左侧盖三印。

第二节　起首章用印基本法

起首章，亦叫引首章，是钤在书画作品右上方的章，既表示作品的范围与开始，又兼有增彩与调节作用。引首章有长方形、长圆形、圆形、半圆形、椭圆形、葫芦形、自然形等，又称“随形章”，即随石料的造型顺势刻成的章，以略长为宜，一般不宜为正方形。书法、绘画作品上是否盖引首章因需要而定，如款首过于整齐，需“破形”；款尾印章分量太重，需“提升”；作品上印章分布单调，需“调整”时应考虑盖引首章。故引首章对书法作品的第一行正文，有特殊的调节作用。

钤引首章时要注意如下几点：

1. 如果书画作品上落款印章全是方形印模式，引首章最好使用椭圆形、半月形、圆形或不规则形；

2. 如果书画作品上落款印章有圆形印模式，引首章最好使用长方形；

3. 书画作品上引首章大多以朱文形式为主。

参见图 42，近现代台湾林东仪的《捏面人》，右上方盖有起首章。

参见图 43，近现代李苦禅的《鹰》，盖有起首章。

参见图 44，清代梅庚的《七言律诗》，盖有起首章。

参见图 45，清代马世俊四字横幅的《舒卷云烟》，盖有起首章。

图 42　林东仪《捏面人》盖起首章

图 43　李苦禅《鹰》上方盖起首章

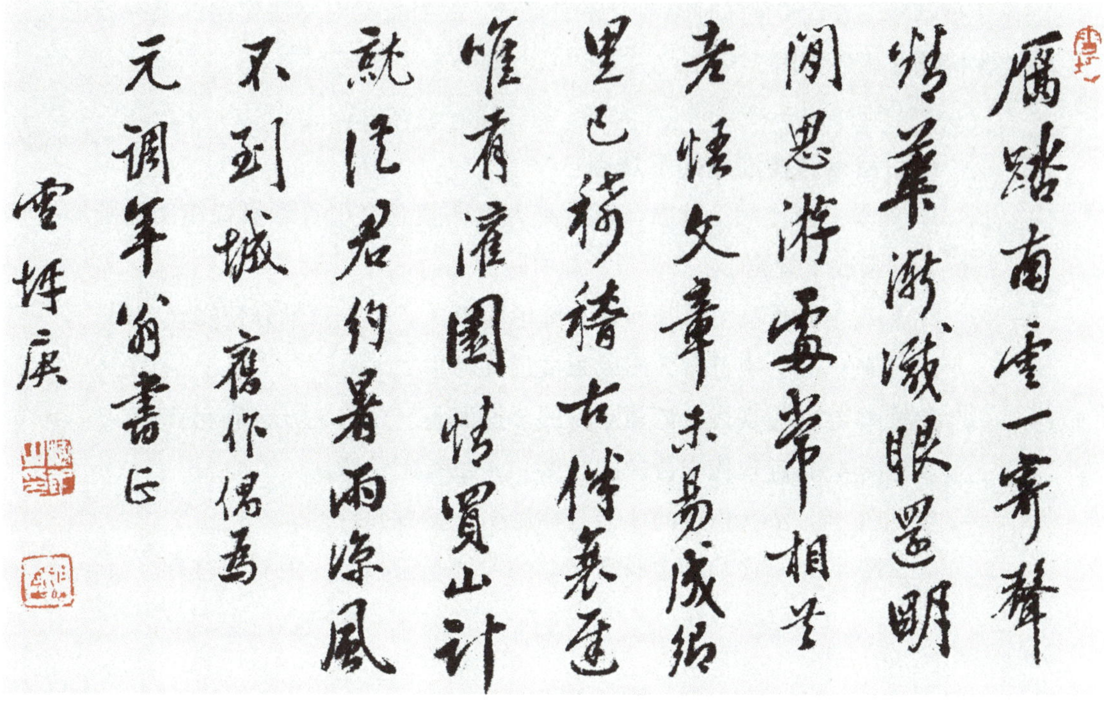

图 44　梅庚《七言律诗》盖圆形起首章

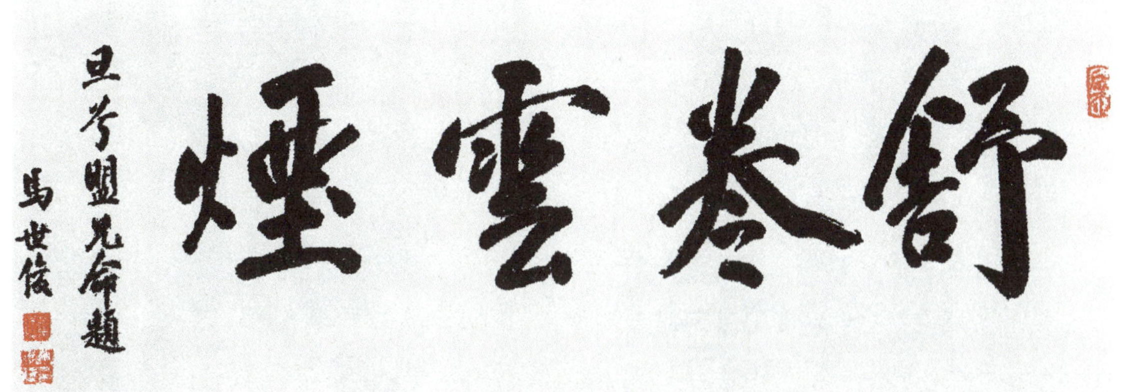

图 45　马世俊《舒卷云烟》盖起首章

第三节　压角章用印基本法

压角章，顾名思义即盖在书画作品边角部分的印章。书法作品的压角章一般盖在右下角或左下角。绘画作品的压角章一般钤在右下角或左下角，但根据实际需要也有盖在左上角或右上角的。以作品为方纸计，方纸有四角，右上角多为引首章的位置；落款一般在左下方，故左下角多为名号章的位置；左上角总要空着，以免四角都实了，平板难看。所以，压角章一般只有盖在右下角了。

压角章的主要作用有三点：

1. 填补边角的空虚；
2. 调节作品的平衡；
3. 画龙点睛，以印文为作品添彩、增加韵味。

压角章印文内容极为广泛，常是作者喜欢寄情的诗词、格言、书画作品专用语等文字。压角章也称闲章，印面形状比较灵活多变，正方形、长方形、圆

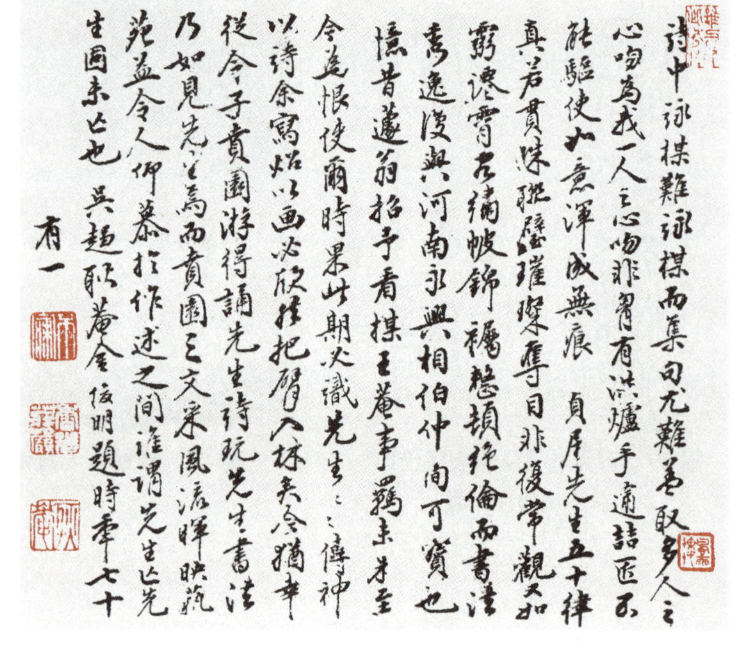

图 46　金俊明《咏梅绝句诗册跋》盖三个姓名、字号印，两个压角章

形、椭圆形、瓦当形、不规则形、肖形印等皆可。值此说明的是，压角章一般要比落款印章及起首印章大一些。也许这个“压”字就决定了压角章不能过小，否则就“压”不住“阵脚”，起不到压角的作用了。而且，压角章的位置一般紧靠书作、画作之角。

压角章根据需要可接连钤二印，甚至三印。

参见图 46，清代金俊明《咏梅绝句诗册跋》，盖有三个姓名、字号印，两个压角章。

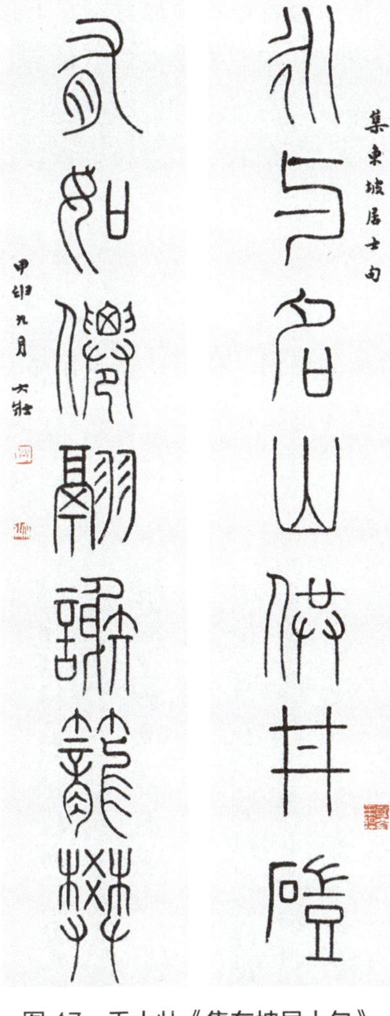

图 47　乔大壮《集东坡居士句》右下角盖压角章

图 48　钱松岩《万里长城万里春》左下角盖压角章

参见图 47，近现代乔大壮的《集东坡居士句》，右下角盖有压角章。
参见图 48，近现代钱松岩的《万里长城万里春》，左下角盖有压角章。
参见图 49，清代任颐的《幽鸟鸣春图》，右下角盖有压角章。
参见图 50，近现代傅抱石的《观画图》，右下角、左下角共盖有压角章三印。

图 49　清代任颐《幽鸟鸣春图》右下角盖压角章

图 50　傅抱石《观画图》盖压角章三印

第四节　腰章用印基本法

腰章，亦叫拦腰章、边章等，是在书画作品的左边或右边中间部位盖的印章。有些书画作品较长，如长条幅、长对联等，若仅在右上方盖一枚引首章，那么中间显得太空，这种情况就可加盖边章。边章一般左右两边不同时用，否则成左右对称，有重复之嫌。书画作品用了边章，有时可以省去压角章。当然，也可以压角章与边章同时使用。

边章印文内容多为作者的籍贯、乡名、字号或生肖，也可以是闲文、名言、名句或与作品有关联的词句等。此外，署押印、肖形印也可以作边章。腰章应小于或等同于引首章和款尾姓名章，要小于压角章。其形状多种多样，有正方形、长方形、圆形、椭圆形、瓦当形、不规则形等，不要千篇一律。

边章若盖得得当，既能画龙点睛，提升书画作品的品质，又能起到填补空虚、调节平衡的作用。与起首章、压角章以及名号章一样，腰章有使画面产生色彩变化，破除平板，以及稳定平衡等效果。

参见图 51，近现代祝嘉《雄心壮志　改天换地》，盖有腰章。

参见图 52，近现代傅抱石《不辨泉声和雨声》，盖有腰章。

参见图 53，清代邓石如“隶书轴”，盖有腰章。

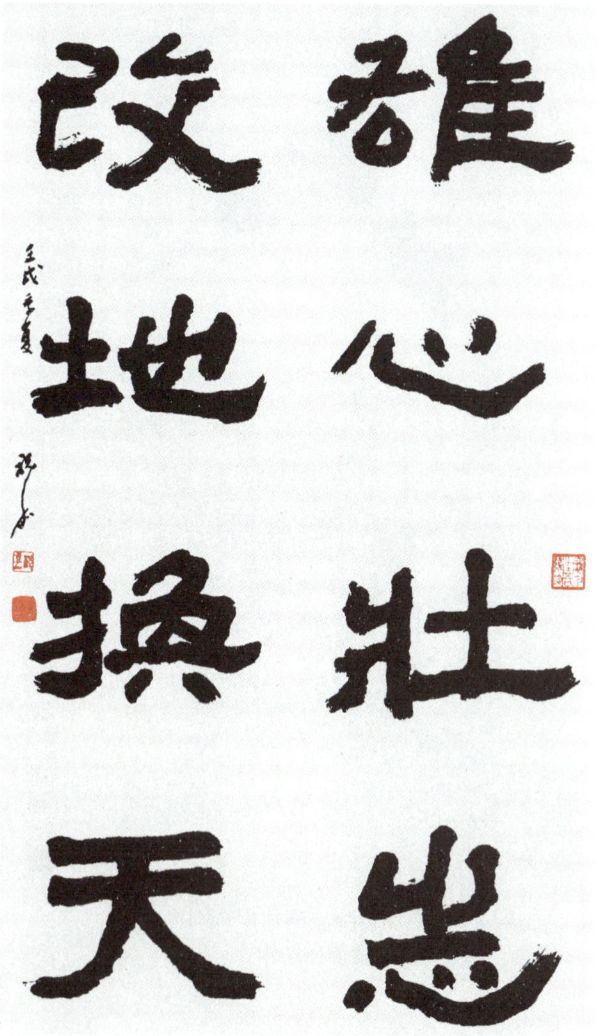

图 51　祝嘉《雄心壮志　改天换地》盖腰章

图 52　傅抱石《不辨泉声和雨声》盖腰章

图 53　邓石如
“隶书轴”盖腰章

第五节　用印要点

综上所述，钤印章必须掌握如下要点：

1. 依据作品内容、落款文字，决定所用印章数量、大小、印式。

2. 盖印位置要选择恰当，在“天然候印处”盖印。

3. 所盖印章要求统一而有变化，风格不宜悬殊。

4. 用印要与书画风格协调，韵味一致。

5. 用印要与题款互补。

6. 用印要注意传统礼仪。

7. 用印要不落俗套，别出新意，起到画龙点睛的作用。

总之，书画作品中的用印艺术既有一定的规则，又要灵活变化。要根据作品的特点与作者的审美要求来用印，把握时代风貌，从而开拓现代用印艺术的新路。

第五章　盖印相关知识

第一节　盖印前的准备

1. 检查印章是否洁净,印章用得时间长了,残留的印泥会堆积在印文凹槽里，盖出来的效果、风格就会有所改变，所以必须将其清除干净。清除时，千万不能用小刀、铁针等硬物去剔除，这样会伤及印文刻痕。只需在印面上涂上肥皂，然后用废旧牙刷，在水龙头下刷洗即可。一次不行，可再来一次，直至清洗干净为止。

2. 检查印章大小是否与作品匹配，察看所用印章印文内容是否合意，检查印章先盖后钤的次序等，以免在使用时手忙脚乱弄错，在作品上留下遗憾。

3. 检查印泥是否合用，调节印泥黏度，印泥干燥过硬时，应加注印油，调拌至适用为宜。若在冬天使用印泥，由于天冷，印泥会自然干结，事先可以稍稍加温，保证使用时柔软随心。

4. 在宣纸上创作的书画作品在盖印时不能直接垫在木板、玻璃、毛毡、橡皮垫、光面画册上，因为这样盖印章的效果不是很好。可以准备一本普通的薄书，注意书不要太厚，有 100 多页即可。这样的“印垫”既实用又简单，钤印效果亦很出色。

5. 打印泥也叫蘸印泥，此时端平印章，不要把印章压得太深，也不能缓慢地蘸，这样容易把印泥带出来。上下打印泥的速度应快捷而轻巧，短距离内频率可快一些，自由而灵活，印章所蘸印泥要不厚不薄、匀称自然，恰到好处。

6. 在书画作品上确认盖印位置，千万不能随心所欲。好的书画作品都应当有“天然候印处”，高一点不行，低一点也不行，要不偏不斜，把印章盖得端正到位。

7. 盖章时印章要平直，垂直落纸。为了保证印章平直而不歪斜，应在右手握住印章的同时，用左手辅助，待对位置十分有把握时，再果断地盖在作品上。

有人认为可以使用“印规”，让钤印位置正确无误。笔者不主张、也不提倡这样做，这种依赖性操作，就盖印而言，过于机械化，会使用印者失去自由，失去本真，步入僵化、呆板的窠臼。

第二节　按印与揭印

按印与揭印似乎没有什么复杂之处，不就是把印章往下一压，再往上一提吗？然而，事情并非如想象的那么简单。有如下几点要特别注意：

1. 若右手握印，印章边款面一般朝左，钤印为正；若印章是多面边款，边款文字起读面朝左，钤印则正。辨别印章正反很重要，若作品上印章盖反了或盖歪了，将是很遗憾的事。

2. 印章须垂直落纸，可左手覆在右手上，辅助右手向下施力。此时，往往有人左右倾斜、摇动印章，为让钤印色深、清晰，下压时有意四面分别用力；也有人用手掌按印，使尽全力，等等。这些按印方法都不太正确。实践告诉我们，左手覆在右手上，辅助右手向下施力是可以的，但不要左右、前后摇动，更不能使这样的动作见之于形。而应当是双手匀称用力下压，左右、前后重压取决于意念，要做到胸中有意、手中有数。这样按压的时间不宜过长，正确而迅速，干净利落，恰到好处。

3. 揭开印章时，应左手按住作品纸面，右手轻轻地徐徐将印章垂直上提即可。有人习惯把印章先往后或先往右侧作倾斜之状，然后往上提印。这样揭印，容易使最后离开纸面的印边加粗而使印失真，不宜提倡。

4. 一厘米以下见方的小印章，因为印小，按照上述要求，用左手按纸，用右手按印、揭印即可。

第六章　盖印 40 法

书法作品、绘画作品盖章的原则，可具体归结为以下 40 法。值此说明的是，书法文字说明大都与作品实例相左，这样可以正反映衬，两相对照，更易理解辨识。

1. 小幅作品要盖小印

甲骨文扇面，起首章只有 1.1 厘米 ×0.4 厘米，姓名印只有 0.8 厘米见方，字号印只有 0.8 厘米 ×0.9 厘米。参见实例一。

实例一　甲骨文扇面

2. 大幅作品要盖大印

《茶亦醉人》书作长 2.8 米，起首章 5 厘米 ×10 厘米，姓名印 10 厘米见方。参见实例二。

3. 书画作品不能盖两个压角章

书法作品《钱起诗》，盖了两个压角章。参见实例三。

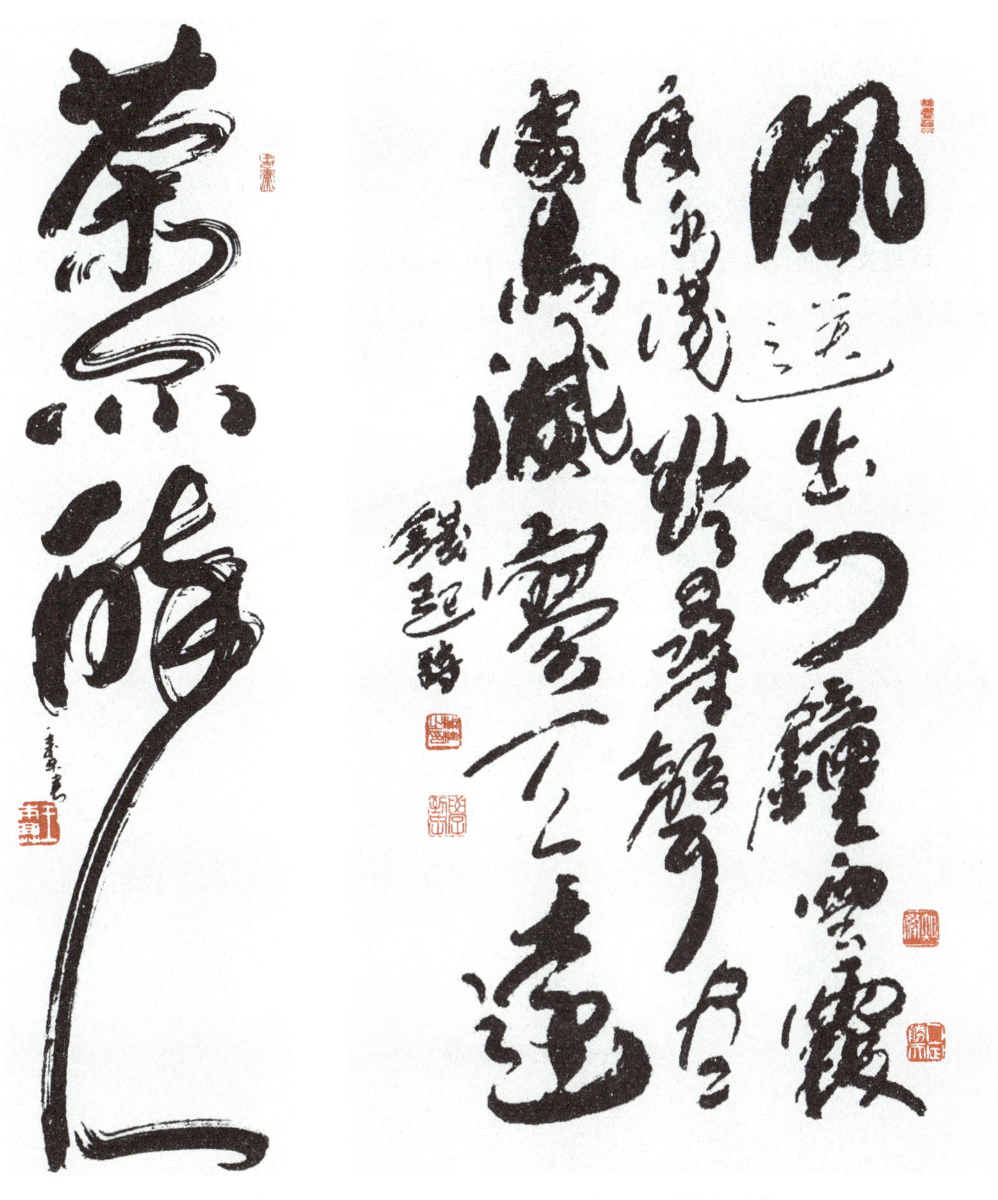

实例二　《茶亦醉人》　　　　实例三　《钱起诗》

4. 书法作品落款姓名章忌与下方正文末字平齐

草书中堂，姓名章与正文末字平齐。参见实例四。

5. 书法作品姓名印章不能大于落款文字

甲骨文《坐井观天》，姓名章大于落款文字。参见实例五。

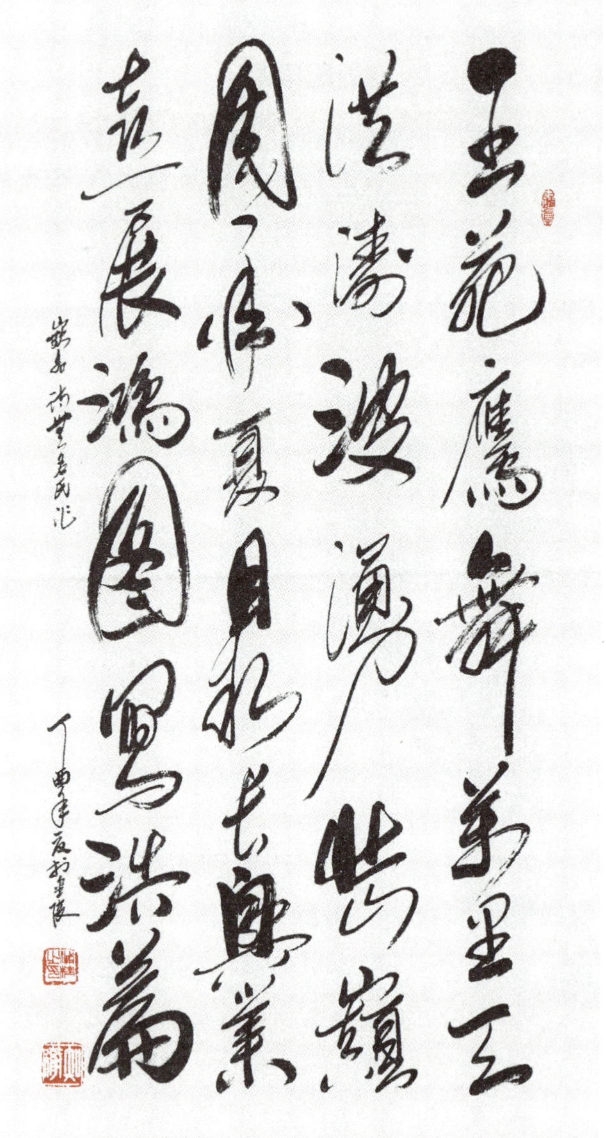

实例四　草书中堂

实例五　甲骨文《坐井观天》

实例六　《醉春》

6. 绘画作品对角空处忌盖压角章

绘画作品《醉春》，对角空处盖了压角章。参见实例六。

实例七　《国色天香》

7. 绘画作品花头上忌盖印章

绘画作品《国色天香》，花头上盖了印章。参见实例七。

8. 书画作品相近处盖二印，椭圆形印章不能配长方形印章

绘画作品《满园佳色》，相近处盖了椭圆形、长方形印章。参见实例八。

实例八　《满园佳色》

9. 书画作品盖二印处不能盖同阳或同阴印章

绘画作品《曲项向天歌》，相近处盖了同阳和同阴印章。参见实例九。

实例九　《曲项向天歌》

实例十 《云烟之中》

10. 绘画作品题款之下角不能再盖压角章

山水画《云烟之中》，题款之下角盖了压角章。参见实例十。

实例十一 《黄山秋色》

11. 绘画作品压角章不能盖在色深处

绘画作品《黄山秋色》，压角章盖在色深处。参见实例十一。

12. 书画作品左上角、右上角不能同时盖章

隶书作品左上角、右上角同时盖了章。参见实例十二。

实例十二　隶书

13. 书画作品款文姓名印之下不能盖长方形、椭圆形、不规则形印

《秦诏版篆书》作品款文姓名印之下盖了长方形印。参见实例十三。

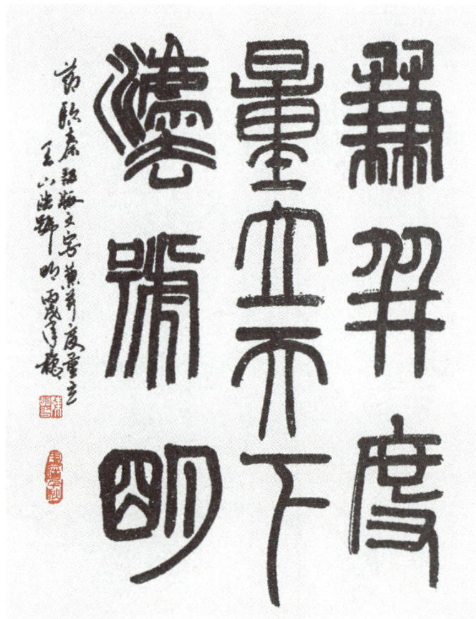

实例十三　《秦诏版篆书》

14. 书画作品盖二印时，其形状、大小不能悬殊

绘画作品《春风一家》题款下盖了二印，其形状、大小过于悬殊。参见实例十四。

15. 书法作品起首章忌与上方正文第一字平齐

行草书条幅，起首章与正文第一字平齐。参见实例十五。

实例十四　《春风一家》

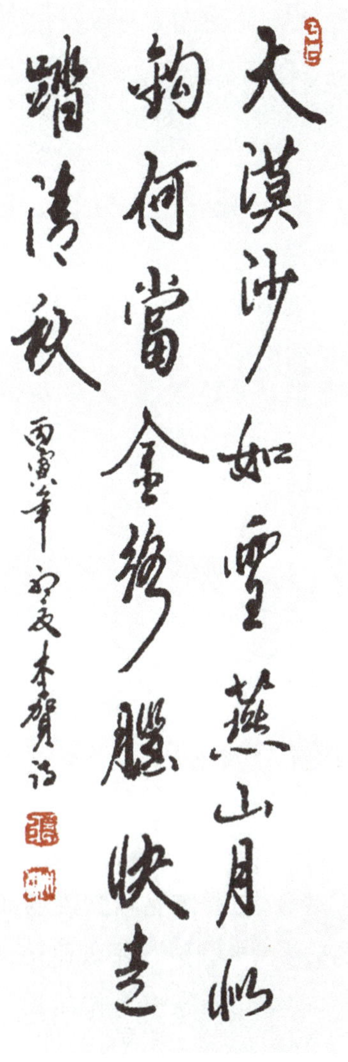

实例十五　行草书条幅

16. 书画作品姓名、字号二印，相隔距离不能太远，隔一印或二印距离为宜

书法作品《兰亭集句》，姓名、字号二印相隔距离太远。参见实例十六。

17. 书画作品起首章一般不用正方形印

甲骨文《无私》，起首章盖了正方形印。参见实例十七。

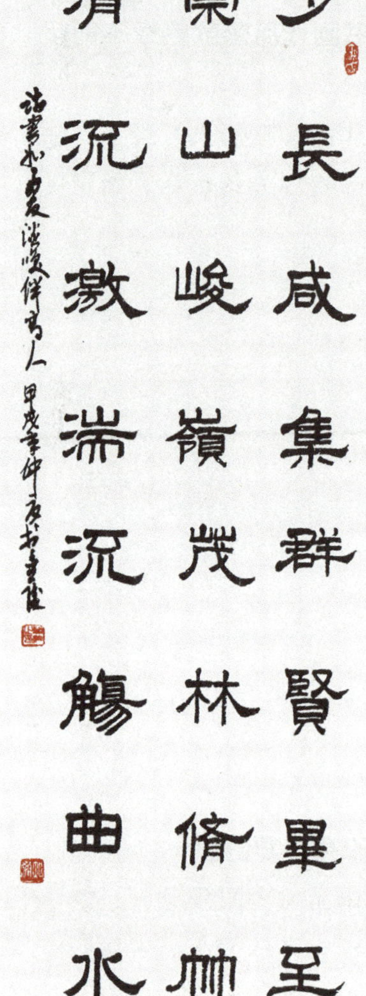

实例十六　《兰亭集句》

实例十七　甲骨文《无私》

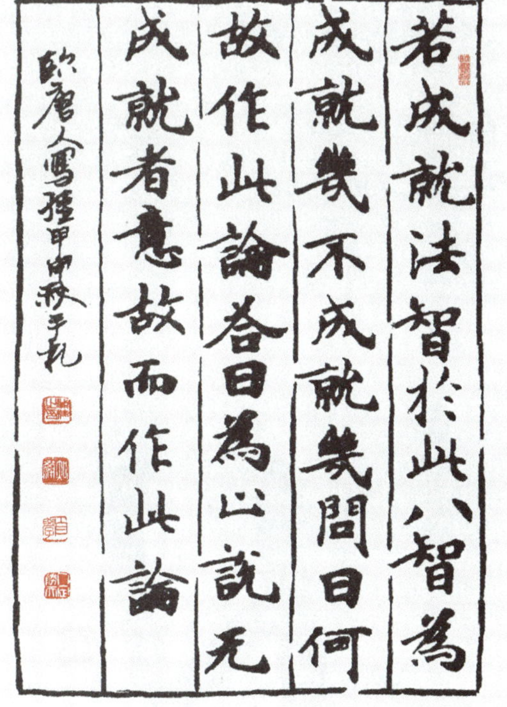

实例十八 《临唐人写经》

18. 书画作品落款盖章不能超过三方

书法作品《临唐人写经》，除起首章，盖有四方落款章。参见实例十八。

实例十九 《喜闻乐见》

19. 印章不要倒盖

书法作品《喜闻乐见》，款印姓名印之下字号印“西溪古居”盖倒了。参见实例十九。

20. 绘画作品山顶上方不宜盖印

绘画作品《云烟之中》，山顶上方盖了印。参见实例二十。

实例二十　《云烟之中》

21. 大幅画不能题小字、盖小印

绘画作品《山河壮美》，画幅长 1.8 米，宽 0.97 米，大幅画左上角题款过小，盖印过小。参见实例二十一。

实例二十一　《山河壮美》

22. 印章不能盖歪斜

书法作品《学海无边》，款印姓名印、字号印及起首章皆盖歪了。参见实例二十二。

23. 绘画作品鸟头、鸟尾处不能盖印

绘画作品《鸟语花香》，鸟头、鸟尾处盖了印。参见实例二十三。

24. 绘画作品压角章不能接近画边

绘画作品《葡萄熟了》，压角章过于接近画边。参见实例二十四。

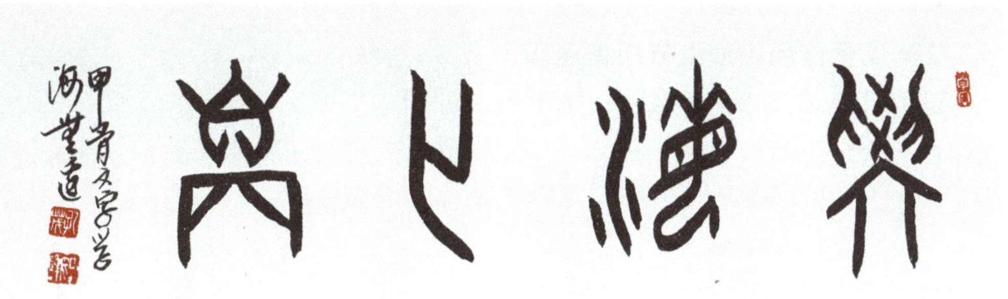

实例二十二　《学海无边》

实例二十三　《鸟语花香》

实例二十四　《葡萄熟了》

25. 绘画作品树梢上不宜盖印

绘画作品《江流天地外 山色有无中》，在树梢上方盖了印。参见实例二十五。

实例二十五　《江流天地外 山色有无中》

26. 书画作品的压角章一般不小于款印

绘画作品《春》的压角章小于款印。参见实例二十六。

实例二十六　《春》

实例二十七　《山中早春图》

27. 书画作品款印宜先盖姓名印后盖字号印

王原祁《山中早春图》，题款后先盖姓名印，后盖字号印。参见实例二十七。

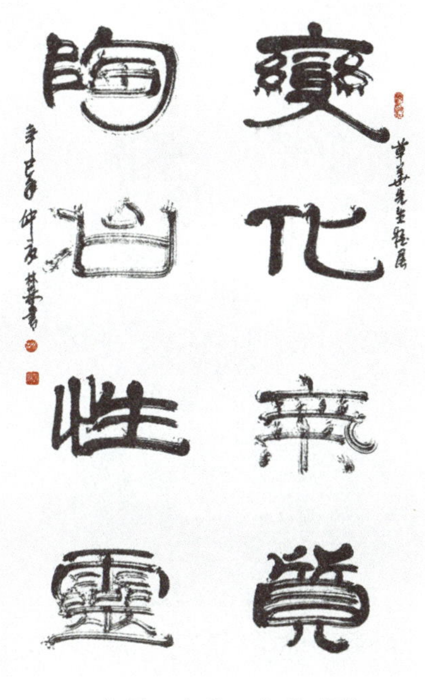

实例二十八　隶书对联

28. 赠人书画作品写作上款时，上方不宜盖起首章，以免印压人名头上而失礼仪

赠人隶书对联，写作上款时，上方盖了起首章。参见实例二十八。

29. 小幅画不能题大字、盖大印

绘画作品《竹生空野外　无人赏高节》，小幅画题了大字、盖了大印。参见实例二十九。

实例二十九　《竹生空野外　无人赏高节》

30. 书画作品腰章不能左右两边对称盖

绘画作品《满园佳色》，腰章左右两边对称盖。参见实例三十。

实例三十　《满园佳色》

31. 书画作品忌盖电脑机刻印章

书法作品《真善美》，盖了电脑机刻印。参见实例三十一。

32. 书画作品落款盖印后，不可再落款盖印

大篆《红楼梦句》落款盖印后，又落款盖了印。参见实例三十二。

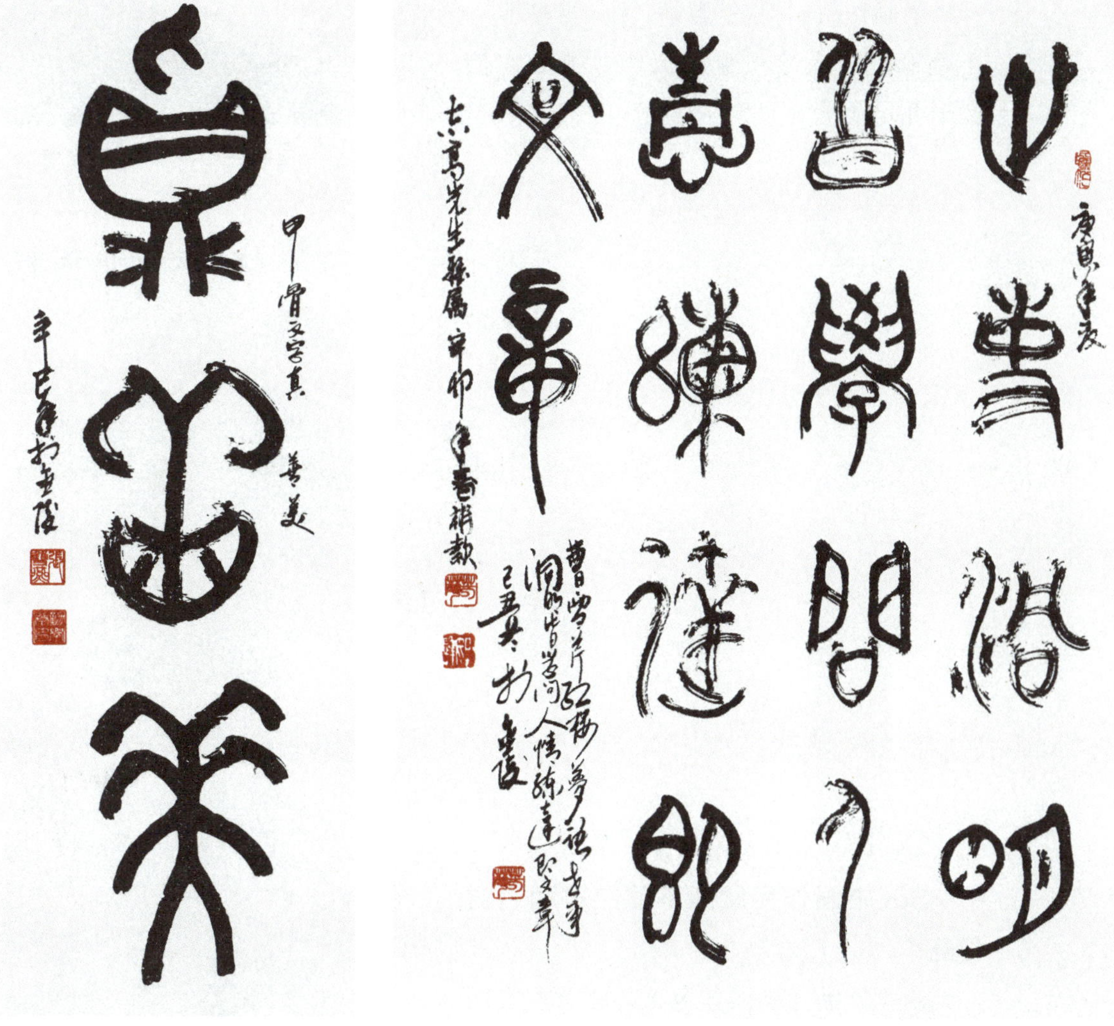

实例三十一　《真善美》

实例三十二　大篆《红楼梦句》

33. 书画作品条屏不宜每幅都盖印

书法作品条屏《杜甫诗一首》，每幅都盖了印。参见实例三十三。

实例三十三　《杜甫诗一首》

实例三十四　《鹤寿》

34. **书画作品忌用走油印泥及普通印泥盖章**

书法作品《鹤寿》，用走油印泥盖的章。参见实例三十四。

实例三十五　隶书斗方

35. **书画作品在左边落款盖印，与右边正文末行末字、与右边款文末行末字不能齐平**

隶书斗方落款盖印与右边正文末行末字、与右边款文末行末字齐平。参见实例三十五。

36. 书画作品落款盖印不宜盖成“金字塔”式

草书《归云有像藏明 渔父无心荡小舟》，落款印盖成了“金字塔”式。参见实例三十六。

37. 落款姓名印不宜压在落款文字上

书法作品《范仲淹句》，落款姓名印压在落款文字上了。参见实例三十七。

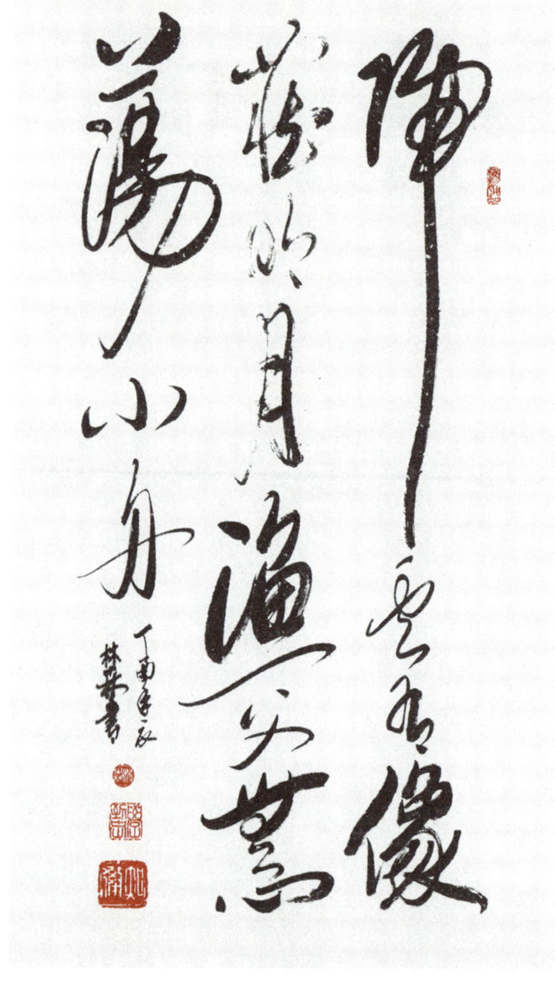

实例三十六 《归云有像藏明月 渔父无心荡小舟》

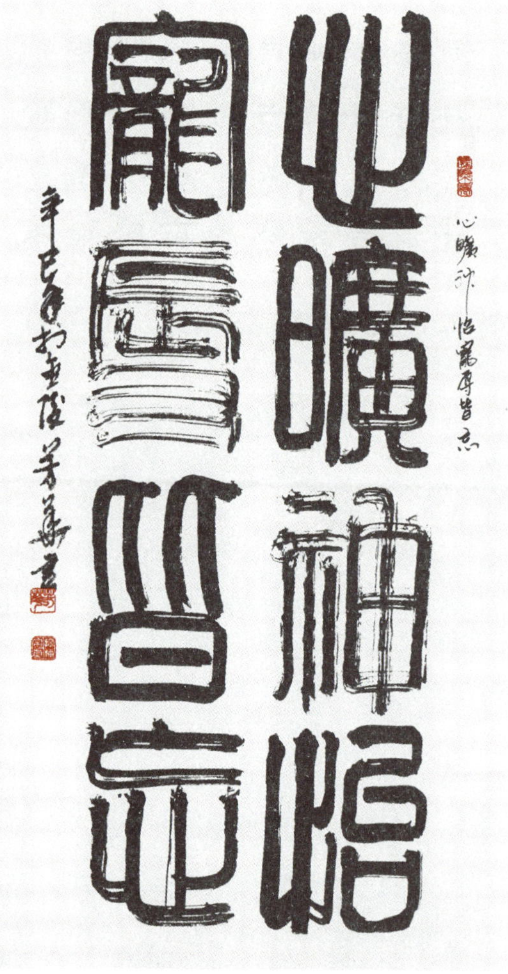

实例三十七　范仲淹句

38. 书画作品上下、左右、中间不能任意盖印

书法作品《诸葛亮诫子书》，上下、左右、中间任意盖了印。参见实例三十八。

39. 绘画作品空地少，不题款文只盖印章时，应盖在左侧中下部位

绘画作品《飞雪迎春》，印章盖在左侧中下部位。参见实例三十九。

40. 绘画作品空地少不宜题多字款，印章不宜盖在色块上

绘画作品《画出西南四五峰》，空地少，题多字款且印章盖在色块上了。参见实例四十。

实例三十八　《诸葛亮诫子书》

实例三十九　《飞雪迎春》

实例四十　《画出西南四五峰》